ほったらかしで

＼3000万円貯める！／

お金と投資の超入門

監修 ファイナンシャルプランナー
坂本綾子

日本文芸社

はじめに

20代後半から30歳前後の若い方々と、お金や生活についてお話しする機会があります。まだ、学生気分が抜けない人もいれば、「自分の生活は、自分でやり繰りしなきゃ」とまじめに取り組んでいる人もいます。

どちらのタイプでも、人生とお金について比較的のん気に考えている人でさえ、将来、特に老後について不安をかかえていると感じます。

特に、30歳前後は独身の人も多い一方で、パートナーやお子さんがいる人もいて、場合によってはご両親の老後を気遣う立場の人もいます。みな置かれた境遇が一人ひとり違います。

それでいて、ご自身の将来はこの先50年、60年とあるのですから、将来に対する不安もなおさらでしょう。

本書は、そのような若い方々に向けて、自分の将来に備える方法についてまとめています。

その方法とは「長期」で「分散」して「積み立て投資」をすることです。

株式でもＦＸ《エフエックス》でも短期的に大きなリターンを得ようと思えば、大きなリスクを覚悟しなければなりません。しかし、10年、20年、30年と「長期」で取り組んでいけば、毎月の負担は少なくなり、着実に資産を増やすことにつながります。

次に「分散」というのは、じつはテクニックと知識が求められるのですが、これはあなたのお金の投資先・運用先である専門家の知恵を借りましょう。

そして投資の手法は毎月、掛金を拠出《きょしゅつ》し、それを投資に活かす「積み立て投資」と呼ばれるものです。

利用するのは「投資信託《しんたく》」と呼ばれる金融商品で、証券会社や銀行を通して積み立てることができます。最低限の知識を得て、自分の運用方針を決め、それに合う投資信託を選ぶことで、あなたの意向に沿った投資が可能になります。

「ｉＤｅＣｏ《イデコ》」とか「ＮＩＳＡ《ニーサ》」といった言葉を聞いたことがある方もたくさんいるのではないでしょうか。本書で主に紹介する投資は、公的年金に対して自分年金とか私的年金ともいわれる「ｉＤｅＣｏ」と、３種類あるＮＩＳＡのうちの「つみたてＮＩＳＡ」の口座を使って投資信託を積み立てる方法です。

利益にかかる税金が非課税になるメリットにいち早く気づいた人たちは、すでに始めています。最近になって法改正の動きも出てきました。

じつは投資というのは不思議なもので、「ｉＤｅＣｏ」や「つみたてＮＩＳＡ」といっても、理解して活用している人がいる反面、しくみや内容はまったくわからないという人も少なからずいます。

そこで本書では、できるだけ平易な言葉を使い、初めて取り組む人にとってもわかりやすくまとめました。

それでも「むずかしい、わからない」という人は、「案ずるより産むが易《やす》し」です。本書を片手に、まずは口座を開き、パソコンやスマートフォンで自分のウエブページにログインしてみてください。

それが、いちばんの近道です。口座をつくって、毎月、掛金を入れて値動きを体験すると、自然に投資の知識・知恵もついていきます。

投資ですから、短期的にみれば一喜一憂する場面もあると思いますが、10年も経てば、「あのとき、ドキドキしながらも思いきって始めておいてよかった」と思えるはずです。

本書は、日本FP協会認定AFPであり、ライターである森田悦子さんに原稿をお書きいただき、私が監修としてまとめて、できあがりました。30歳前後のみなさんにとって、お金の不安を少しでもなくすことができれば幸いです。

そして、お金の不安が減れば、将来いろいろな楽しみが待っています。その楽しみを謳歌《おうか》して、ご自身の将来を充実させていただければ幸いです。

2021年9月

監修者　坂本綾子

ほったらかしで3000万円貯める！　お金と投資の超入門　もくじ

第1章

20代後半からのお金と投資 成功する人、失敗する人

第2章

ほったらかしでどんどん増える!

積み立て投資、驚きのパワー

第3章

「iDeCo」と「つみたてNISA」は積み立て投資の最強ツール

第4章

あなたも、きっとうまくいく！「iDeCo」「つみたてNISA」の始め方

第5章 積み立て投資を成功させるために覚えておくべきこと

第6章
失敗しない商品選び 選ぶべき厳選10本！

未来を変えたいなら、行動しましょう
～「私にもできそう」と自信が湧いてきたあなたのためのエピローグ

本書は情報提供を目的としています。本書の内容は2021年8月現在のものであり、予告なく変更されることもあります。また、本書は特定の金融商品を推奨・勧誘するものではありませんので、個別商品の詳細については、各金融機関に直接、お問い合わせください。投資の最終判断は、投資に必要な各種資料をご確認いただき、ご自身の責任にもとに行なってください。

お金の不安を抱えたままでは、きっと後悔します!

〜なにをどうやったらよいか、わからない
あなたのためのプロローグ

あなたの「これから」は、「預貯金」では報われない

勤め先、パートナー、子ども、住宅ローン、親と自分の老後……30歳前後のあなたは、きっと「この先、ホントに大丈夫?」と不安を抱えているはずです。

その不安はいつも頭の片隅にいて、ときどき顔を出しては私たちを悩ませます。

不安の正体や解消するための方法がわかっていればいいのですが、どうすればいいのかわからない〝漠然《ばくぜん》とした不安〟ですから、拭《ぬぐ》いきることができません。

この〝漠然とした不安〟の代表格が、**自分自身の老後不安です。**

金融庁のワーキンググループが「老後の生活には、2000万円程度のお金が必要」といった内容のレポートを出し、「老後2000万円問題」として波紋を呼んだことを記憶している人も多いはずです。

若い世代にとって、老後の生活はあまりにも遠すぎて、ホントはどれくらいのお金が必要か、どれだけお金を稼げばよいかもわからず、その不安は姿のみえないモヤモヤしたかたちで私たちの心をむしばみます。

「旅行に行きたいけど、ムダづかいはやめておこう」

「キャリアアップに挑戦したいけど、定年まで勤められそうな会社を辞めることはない」

と、不安によって行動を控えたり人生の可能性を狭《せば》めたりすることもあります。

「30歳で毎月3万円の定期預金」でも、1260万円

ムダづかいをしないよう節約にはげみ、浮いたお金を少しずつ貯蓄にまわしている人もいます。ほしいものがたくさんあっても出費をコントロールしていく姿勢は、一生役立つスキルです。ただ、

「貯蓄しているから大丈夫」

「この貯蓄をいずれは老後資金に充てよう」と思っている人は要注意。銀行預金でコツコツお金を貯めていけば、安心できる老後資金になるのでしょうか。

たとえば、**30歳のあなたが毎月3万円を定年まで定期預金にコツコツ積み立てると35年後にいくらになるか。答えは、1260万4221円です。**

1000万円という大台はクリアしていますが、2000万円には足りません。毎月3万円というのは決して小さい額ではないのに、それを35年続けても2000万円の半分ちょっとです。

預貯金が報われない⁉ その理由は、預金の金利が低すぎるからです。

2021年現在、都市銀行の定期預金の金利は、0・002％。自分でコツコツ積み立てたお金が1260万円に達しても、そのお金につく利息はたったの4200円ほどです。

この低金利がずっと続くと、1000万円以上を貯めても貯めただけ。増やすことはできません。しかも、利息からは約2割の税金が差し引かれるので、実質的な手取りはもっと減ります。

もちろん、これから金利は上がっていくかもしれません。しかし、金利と物価は連動することが多いので、金利が上がった状態では物価も上がっていきます。

多少金利が上がって利息が増えたとしても、あなたの「モノを買う力（購買力）」は、ほとんど変わっていないか、落ちていることも考えられるのです。

「30歳で毎月3万円、利回り5％の投資」で3371万円！

そこで注目してほしいのが、投資による資産運用です。同じ月3万円でも、預貯金ではなく投資にまわすことで、大きく増やせる可能性が出てきます。

ある証券会社のシュミレーションソフトを活用して、毎年5％の利回りがあると仮定して、あなたが同じように月3万円を積み立てて投資すると、35年後には3371万円に膨らむ計算になります。

後章で述べますが、毎月3万円、4％で35年間2700万円強のお金をつくる

▶月3万円、利回り5%で3371万円

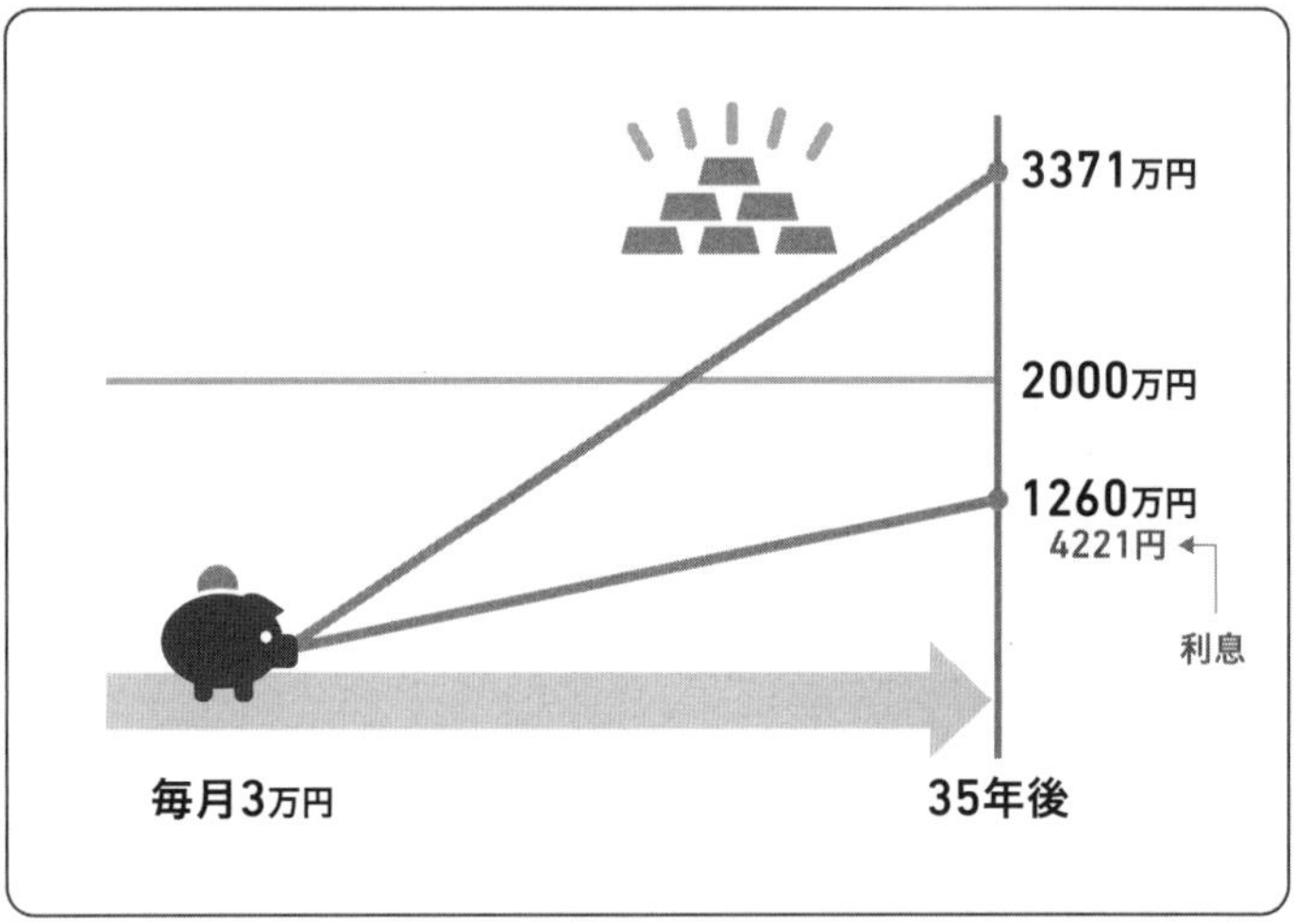

※対象が価格変動する実際の投資では成果が異なります。

ことが可能です。そして、こうした3000万円程度のお金をつくれる可能性が高いのが、長期・分散の積み立て投資である「iDeCo《イデコ》」と「つみたてNISA《ニーサ》」なのです。

老後までまだまだ長い時間があるのに、それまでずっと不安を抱え続けていては、楽しいことも楽しめません。それは、損な人生かも?

将来の不安は、少し勇気を出して今できることに取り組むことで解消できます。なにもしないままモヤモヤするより、行動することでスッキリしましょう!

第1章

20代後半からの
お金と投資
成功する人、失敗する人

01

〝億り人、億トレーダー〟にならなくてもいいんです！

「投資で成功」というと、株式やビットコイン、FX《エフエックス》（外国為替《かわせ》証拠金取引）への投資などで億万長者の仲間入りをした〝億《おく》り人、億トレーダー〟と呼ばれる人たちをイメージする人は多いはず。でも、私たちも彼らのような成功をめざすべきなのでしょうか。

　こうした人たちは、まさにハイリスク・ハイリターンな投資をして成功した人で、二つのパターンに分けられます。

パターン1　運に恵まれた人

大胆な性格で、運に恵まれた人です。株もビットコインもＦＸも、究極的には「上がるか下がるか」ですから、運がよければ儲かります。

それがたまたまものすごい上昇率をともなうタイミングだったり、負ければ借金を負うほどのハイリスクな勝負をしていたときに、運がよければ成り上がることは可能です。

パターン２　血のにじむような努力や分析、勉強を重ねた人

血のにじむような努力や分析、勉強を重ね、毎日お金を大きく減らすかもしれないストレスを抱えながら金融市場と向き合っている人もいます。朝から晩までマーケットに向き合い、常に情報を収集し、自分の取引を振り返っています。

一般的には「投資はラクして儲かる」というイメージを持つ人が多いけど、むしろだれよりも努力している人です。

短期間の投資で億万長者になるには、この二つのパターンのいずれか、あるい

は両方を満たす必要があります。しかし、パターン1はマネしようとしてできるものではありません。再現性もないので、短期投資を続けるほどに資産を失うことにもなります。

一方、パターン2は、普通の人にはマネすることがきわめてむずかしく、マネできたとしても必ず成功できるわけではありません。短期投資で成功し続けるには努力が必要ですが、努力したからといって成功する保証はないのです。

結局、**特別に幸運でもなく、努力を重ねる覚悟も時間もない普通の人が、短期間で一獲千金を叶《かな》えることは、まずムリです。**

投資で失敗する人の多くは、たいした努力もせずにこうしたリスクの高い取引に手を出して、資金を失っています。

短期間で億万長者になる夢を持っているなら、あきらめるのが無難です。

しかし、だからといって豊かな生活や安心できる老後を実現できないわけではありません。

ムリなのは「短期間で一獲千金」です。そこをねらうのではなく、「時間をかけてそこそこ増やす」のであれば、ぐっとハードルが下がり、だれでも手の届く夢になります。

カシコイ投資家は、自分が儲かる投資を実行する！

お金が減るのはだれだってイヤですから、「リスクはなるべくとりたくない」と感じるもの。

しかし、そんな気持ちにつけ込んで、「元本《がんぽん》保証！」「年利30％！」「絶対儲《もう》かる！」といった宣伝文句で投資を誘ってくる人や会社があります。

自分のお金をどこに投資するかは、その人の自由です。ただ、**投資に「絶対儲かる」とか「元本保証」はあり得ないことは肝に銘じておくべき。**そのようなキーワードはすべて詐欺《さぎ》か犯罪のサインなので、聞く耳を持ってはいけません。

百歩譲って魅力的な投資があるとしても、そんな話は自分で独り占めするほうがよっぽどトクで、わざわざ他人に勧めるのはおかしいと考えるべきです。

資産を増やしたいのなら、自分で情報を入手したり、投資するための行動を起こしたりする必要があります。

何も行動しない人にもたらされる投資の情報は、それを持ってくる側が儲かるものなのです。

ちなみに本書で紹介する投資は、広告を打つ程度のアピールはしていますが、個別に電話をかけてきたり、積極的に勧誘してくることはまずありません。そんな人件費をかけられるほど儲からないからです。

カシコイ投資家は、金融機関が儲かる投資ではなく、自分が儲かる投資を実行します。

02

少しの「お金の投資」で世界が変わります

「若いうちは自分に投資すればいいのでは？」という意見もあります。これはまったくそのとおりで、若いうちにさまざまな経験を積んだり、勉強したりすることは一生涯の「稼ぐ力」につながります。

お金は使い切ったり失ったりすることがありますが、一度身につけた経験や知識、スキルはだれにも奪われる心配のない一生モノの財産です。

経験を積んだり勉強したりするためにお金が必要であれば、惜しまず使う。あとから何倍にもなって返ってくる可能性は決して低くはないでしょう。

しかし、だからといって「お金の投資」をいつまでもゼロでいいかというと、それもバランスを欠いた考え方かもしれません。

できることにトライするのが、いちばん効率的

お金を投資することとは、自分に対する投資をあきらめないとできないような特別なことではありません。お金持ちじゃなくても、経済の知識を十分に持っていなくても、できること。**今のあなたができる投資を行なうことが大事なのです。**

株や投資信託などの金融商品を売買できる証券口座はだれでも開設できますし、投資は100円から始められます。最近は、買い物などで貯めたポイントも投資にまわすことができ、お金がなくてもできるほどです。

つまり、仕事や自分に対する投資に集中している時期でも、並行することは十分に可能なのです。

「経済とか、金融商品のことはよくわからないので、もう少し勉強してからでないと……」と考える慎重な人もいます。あなたも、そんなタイプでしょうか。

確かに経済や金融商品の知識は、ないよりあるほうがずっといいですし、成功しやすくなります。

ただ、泳げない人が、人間が水に浮くしくみや泳法を解説する本を読み込むだけではいつまで経っても泳げるようにはなりません。実際にやってみなければ泳げるようにはならず、上達も見込めないのです。

投資も同じです。事前に最低限の知識だけを得て、**実際にトライしてみるほうが、ずっと効率よく学べます。**しかも、経済は教材になるようなニュースや話題が身近なところに山ほどあります。

投資をやってみることで、これまでは聞き流していたニュースに対して興味を持ち、それが何にどう影響していくかを考えられるようになってくるのです。

水泳だって慣れないうちは、水を飲んでしまって苦しい思いをしたり、疲れるだけでまったく前に進まない時期もあるでしょう。

投資だって、うまくいかないこともあります。だからこそ、失敗しても痛くない金額で、多少ケガをしても治りが早い若いうちに始めたほうがいいのです。

若い人ほど、損失が出ても回復するための時間がたっぷり残されていますし、自分の収入を上げる時間や稼げる期間も長くあります。そして、投資すること自体が、自分のビジネス感度を高め、キャリアアップにつながります。

英語をマスターしたい、資格をとりたいといった夢に向かって時間やお金を投じるのは素晴らしいこと。それと並行して、**少額でもいいので若いうちから投資にもチャレンジし、スキルアップを加速させることが成功への近道です。**

「給料が安い」「時間がない」人でも、〝ほったらかし〟の投資がある

投資を始めた人のなかには、そのおもしろさにのめりこんでしまう人もいます。経済情勢にアンテナを張り、日本だけでも4000近くある上場株式から値上がりしそうな銘柄を探す作業は、まさに実益を兼ねた趣味になりそうです。

しかし、多くの人にとって、投資はそんなに楽しいものではありません。多少リスクをとってお金を増やしたいとは思っても、そのために勉強したり、銘柄研

究したりする時間はとれないのが普通です。

そんな人でも、投資は十分可能です。

投資にはさまざまなスタイルがあり、忙しい人やなるべく時間をとられたくない人には、そのための方法があります。**あえて徹底的にズボラになって、〝ほったらかし〟にしておける方法を選ぶ。**このほうが成功しやすくなることさえあるほどです。

本書で紹介するのは、「ほったらかしにできるズボラさん向け」の投資です。

あなたの毎日も、きっと仕事や自己投資、生活、家庭や育児に忙しいはず。そんな人が、**お金の投資に手間や時間をかける必要はありません。**

最低限必要な知識は本書で学べるので、あとは、ほったらかしにしておいてもかまわないのです。

03

自分も働く、お金にも働いてもらいましょう

「ほったらかし投資」は自分の時間を投資にとられることがないので、仕事に励むことはもちろん、スキルアップに挑戦したり趣味を楽しんだりすることも可能です。その間は、**あなたの代わりにほったらかしにしているお金が働いてくれます。**

家庭だって、夫婦のどちらか一方だけが働く片働き世帯より、夫婦それぞれが仕事をする共働きのほうが安定します。

しかも、どちらか一方が病気で働けなくなったり、起業などをめざして一時的に収入が途絶えたりしても、もう一方が稼ぎ続けてくれるので無一文になる心配はありません。収入の柱が複数あることは、独身でも家庭があってもリスクを大

きく低減してくれます。

投資はお金が働いて稼いでくれるので、働き手を増やすのと同じ効果がありま す。投資する金額が少ないうちは、あなたほどには稼げないでしょうが、金額が 増えれば増えるほど、稼ぐ力も増していきます。

少しずつでもお金を追加して、働いてもらうお金を大きくしていく。これも若 いうちから始めれば可能なこと。あなたにもおすすめのスタイルです。

早く始めるほど、人生の選択肢が広がる

とはいえ、暮らしていくにはお金がかかるので、投資にばかりまわしてはいら れません。なかでも人生の三大出費といわれるのが、**住宅費、教育費、老後の生 活費です。**

住宅費は、住宅を購入した場合の頭金やローン返済で、賃貸住まいの場合は家 賃や管理費などです。ずっと実家に住んで、そのまま相続するといった場合は別

▶あなたにもやってくる!?　三大出費

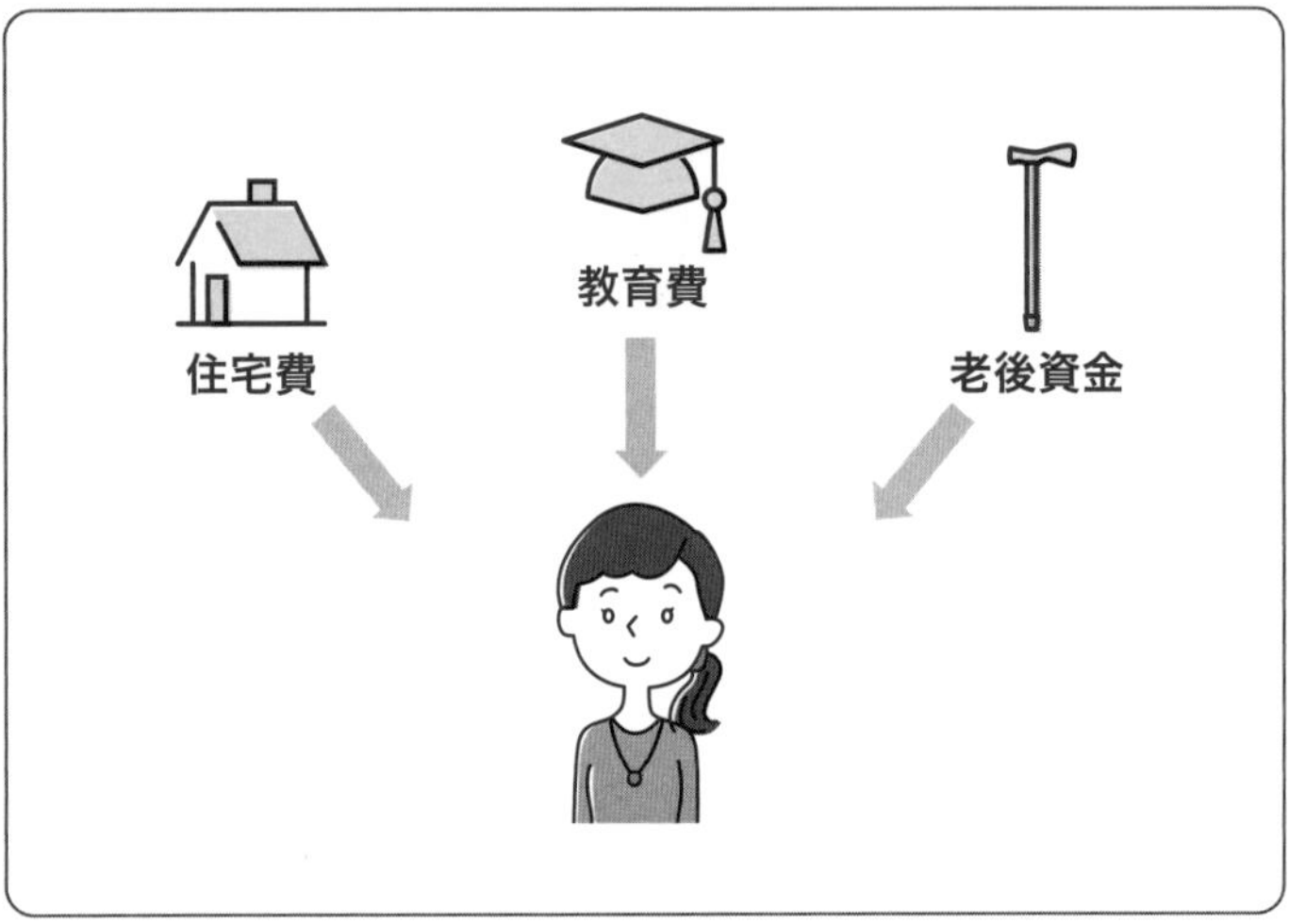

ですが、そうでない場合は一生涯で安くても数百万、一般的には数千万という出費になります。

教育費は、子どもを持った場合の教育にかかる費用です。

ずっと国公立の学校で学ぶ場合でも、塾や習い事に通わせるとトータルではかなりの額になります。さらに、私立の学校を選ぶなら相当額の出費を覚悟しなければなりません。

老後の生活費は、老後に受け取る公的年金で不足する分を補うお金です。物価の安い地域で持ち家に住み、質素に暮らせば年金だけで足りる場合もありますが、都心に住んだり豊かな生活をしたいと考えたりするなら大きな額が必要です。

人生の三大出費はいずれも、どのような生活や教育をするかで必要な額は変わり、望めば望むほど、その出費はどこまでも膨らんでいきます。

「だったら投資で増やして用意しよう」

そう考える人もいますが、実はそう考え始めるころには遅くて、投資でなんとかできるのは老後の生活費だけ、という人が大半です。

というのも、老後の生活費は定年してから必要になるお金ですが、住宅費と教育費は一般的には30代、40代で必要になるお金です。つまり、**三大出費はいっぺんに降りかかるのではなく、ボディブローのようにずっとかかり続けるのです。**

息の長い出費は、息の長い投資で乗り切る

あとから詳しく説明しますが、本書で紹介する「ほったらかし投資」では長い

時間が必要で、**最低でも10年、できれば20年、30年と続けていくのが理想です。**

短期的には損失を出す可能性も高いので、10年以内に必要になるお金は投資にまわしてはいけません。

たとえば、子どもの大学のために貯めておいたお金が、ちょうど進学の時期に金融市場の暴落に巻き込まれて大きな損失を出してしまった、なんてことになったら、進学させられなくなってしまいます。

そういう状況にならないためにも、しっかりと時間をとっておきたいものです。

そうなると、家庭を持って、

「そろそろ家を買いたいな」

「子どもに将来お金がかかりそうだから、準備をしたいな」

と気がついてからでは遅いことに気づくはずです。

しかし、若いうちに将来の出費に気づいて投資を始めていれば、間に合う可能性も浮上します。独身時代や子どもが生まれる前、遅くとも生まれてすぐに教育費を意識した投資を始めれば、大学進学には十分間に合います。

住宅費も同様で、頭金が必要になる時期までに十分な時間がある若いうちに始めれば、投資で頭金を増やすことも視野に入ります。

もちろん、独立起業やスキルアップ、移住など、さまざまな目的に使うこともでき、人生の選択肢は広がります。早くに投資を始めることで、お金のせいで何かをあきらめる、という機会を減らすことができるのです。

リスクを正しく理解し、コントロールできる人が成功する

「投資には興味があるけれど、ちょっと怖い」

「お金が減るのはイヤだ」

そう考えて始められないという人はたくさんいます。

確かに、預貯金と違って投資にはお金が増える可能性がある反面、失敗すると減ってしまう可能性があります。この失敗をリスクと捉《とら》える人も多いはずです。

しかし投資の世界では、リスクは失敗する可能性・危険性と捉えるわけではあ

▶リスクとリターンのイメージ

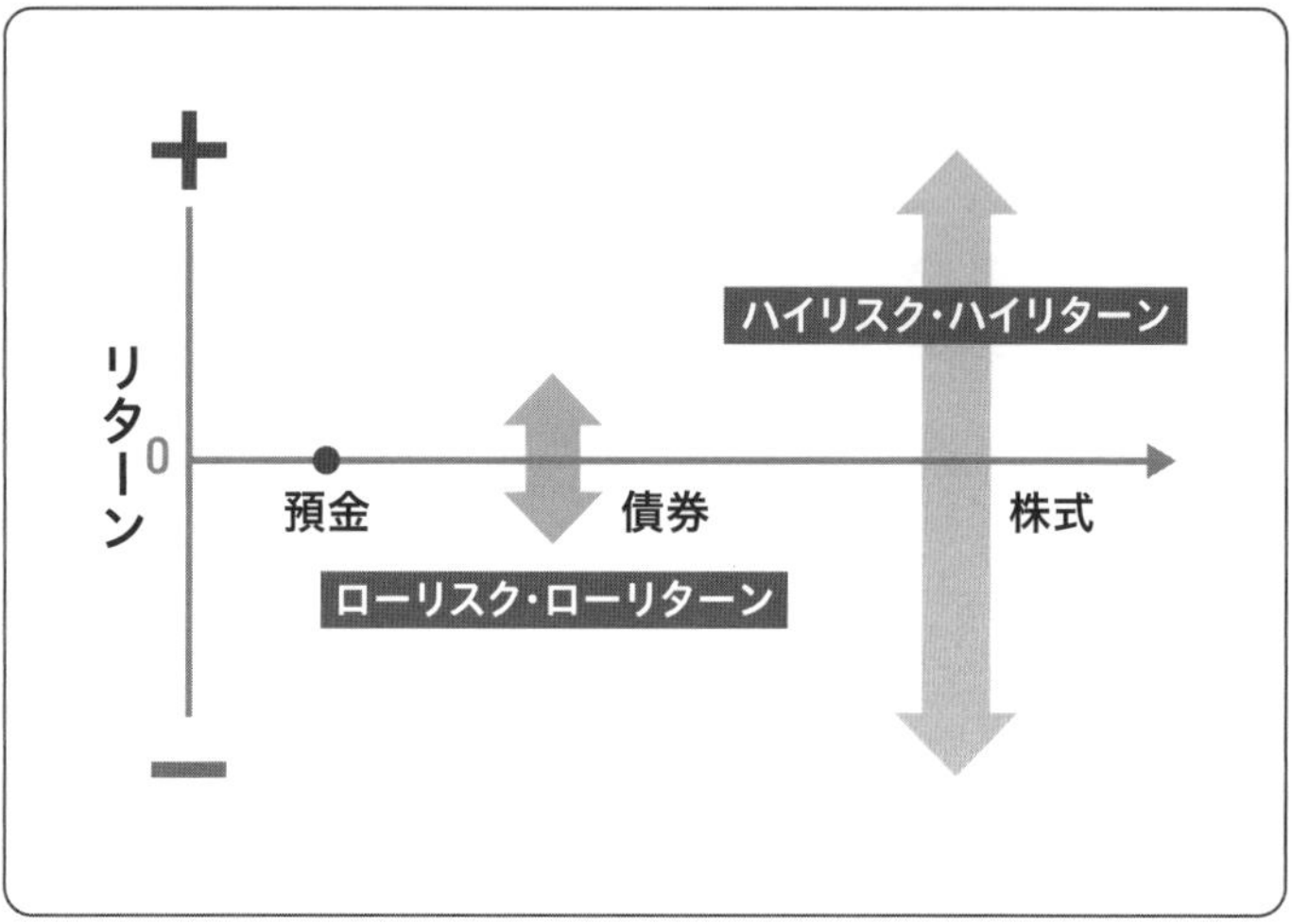

りません。**投資でいうリスクとは、上の図のように不確実であること。**将来どうなっているかが確定していないことを表します。

現在の価値に対して、将来値上がりするかもしれないし、値下がりするかもしれないし、こうした変動を引き起こす事態がいつどのように起こるかもわからないことがリスクなのです。

また、リスクとリターンは表裏一体なので、リスクをとらずにリターンだけを得ることはできません。リスクが高い対象ほど成功した場合のリターンも大きく、リスクが低い対象は大損する可能性は低いものの、さほど儲かりません。

でも、「やっぱり大きなリスクを覚悟しないと、お金は増やせないのか」とガッカリする必要はありません。

リスクをゼロにしてリターンを１００にすることはできませんが、リスクとリターンは調節できるからです。

ハイリスクな商品でも、投資額を小さくすれば実質的にローリスクにできます。ローリスクな商品と組み合わせて持ったり、値動きが逆になる商品を合わせて持ったりすることでも調節できます。

あなた自身がとれるリスクの範囲をみきわめ、コントロールしていけばよいのです。

もう、親世代の稼ぎ方は通用しません！

現在の60代ぐらいから上の世代と下の世代では、働き方や稼ぎ方は大きく変わっています。上の世代では終身雇用と年功序列制度があたり前で、若いうちは少し給料が安くても、就職した会社でまじめに働いていれば、少しずつ給料は上がっていきました。

家を買い、子どもの教育にお金がかかる時期には給料も上がり、定年まで勤め上げれば退職金を受け取ることもできたので、年金で足りないぶんは退職金を取り崩して生活ができました。

しかし今は、こうした慣習はなくなりました。働く人自身の意識も変わり、転職があたり前になり、独立や起業のハードルも下がっています。

優秀な人ほど、一つの企業にとどまることなくキャリアチェンジに挑み、ステップアップしていきます。

また、本業に加えて、副業にチャレンジすることで本業では得られない経験やスキルを身につけたり、本業以外の収入源を確保したりする動きもより活発になっています。

最近は、FIRE《ファイア》というキーワードが注目されています。「Financial《ファイナンシャル》

Independence《インディペンデンス》（経済的自立）, Retire《リタイア》 Early《アーリィー》（早期退職）」、お金を貯めたりあくせく働いたりしなくても収入が得られるしくみをつくり、若いうちに仕事をリタイアするという意味です。

ＦＩＲＥを果たした人やめざす人にも、そのためのお金を投資でつくり、定期的にもらえる配当や分配金で生活する人も多くいます。

あなたのご両親や年配の人には、そんな稼ぎ方、生活のしかたに眉《まゆ》をひそめる人がいるかもしれません。

しかし、もう親世代以上の稼ぎ方、生活のしかたは通用しない時代になっています。そのことに早くから気づいた人ほど複数の収入の柱をつくっているのです。

ＦＩＲＥをめざすかどうかは別にしても、働き方が多様になった今、**収入源も複数あったほうが安心であり、人生の選択肢も広がります。**こうした意味でも、早いうちからムリのない範囲で投資を始めておくことが大事なのです。

堅実で投資に成功する人は、早く始めた人

結局、時間も資金も度胸もない人が投資に成功するには、**なるべく「早く」始めて、「長く」続けること。**これしかありません。まとまったお金を持たない世代であっても、その若さは投資で成功するための強力な武器です。迷ったり、もたもたしたりして時間が経ってしまうと、強力だったその武器はどんどん威力を失っていきます。

投資のハードルは今、過去に例のないぐらいに下がっています。この追い風を生かして、今すぐ始めるのが正解なのです。

COLUMN

人類最大の発明!?
複利効果の恩恵を受けよう

物理学者のアルベルト・アインシュタインが「人類最大の発明」と絶賛したものを知っていますか。それは「複利」です。元本にひたすら同じ利息が繰り返しついていく単利に対し、複利では元本とその元本についた利息を合わせた額に、新たな利息がつきます。

たとえば、１００万円に５％の利息がつく場合、単利では毎年５万円がプラスされて積み上がっていきます。10年後には１５０万円になる計算です。

これに対し、複利では利息の計算のもととなる元本が毎年増えていきます。最初の年は１００万円の５％で５万円の利息がつきますが、次の年は前年の利息を含めた１０５万円の５％である５万２５００円の利息がつきます。

元本が膨らむほど利息も増えるので、資産が育つスピードが加速します。10年後には１６２万円を超えている計算です。

定期預金も複利にできますが、ゼロに近い利率では何年それを掛けあわせてもあまり意味がありません。ある程度の利率があって初めて、複利は力を持ちます。

複利は必ずしも一定の利率で増える金融商品だけの効果ではありません。たとえば、株価は一定の利率で成長するものではありませんが、企業の成長には複利のしくみが働いています。

企業は売上や利益が伸びれば、その利益を使って翌年以降にさらに成長するための投資をします。また、利益から税金や株主への配当を払って、お金が残ればそれを内部に貯め、新しい投資に使うこともできます。これはしくみとしては複利と同じです。

ちなみに、複利で運用して、資産を倍にするために必要な年数というのが簡単に計算できる式があります。「72の法則」といって、表のように72を金利で割れば、お金を倍にするだいたいの期間がわかるようになっています。

運用率		おおむねの期間
1%	72÷1=72	72年
2%	72÷2=36	36年
3%	72÷3=24	24年
4%	72÷4=18	18年
5%	72÷5=14	14年
6%	72÷6=12	12年
7%	72÷7=10	10年
8%	72÷8=9	9年
9%	72÷9=8	8年
10%	72÷10=7	7年

第2章

ほったらかしで
どんどん増える!
積み立て投資、驚きのパワー

（2005-2020 年）

単位 %

2015	2016	2017	2018	2019	2020
日本株式	外国株式	日本株式	日本債券	外国株式	外国株式
12	5	22	1	28	11
4資産分散	日本債券	外国株式	外国債券	日本株式	日本株式
2	3	19	-5	18	7
日本債券	4資産分散	4資産分散	4資産分散	4資産分散	4資産分散
1	2	11	-7	13	7
外国株式	日本株式	外国債券	外国株式	外国債券	外国債券
-1	0	5	-10	5	6
外国債券	外国債券	日本債券	日本株式	日本債券	日本債券
-5	-3	0	-16	2	-1

01

「予想しない投資」がいちばん強い！

投資で利益を出していくには、投資対象を安く買って高く売る、これを続けていけばよいというのは正しい考えです。

だからこそ、これから何が上がるのかがわかればそれを買って、上がったら売る。それを続けることができれば、確実に大きな利益を出すことができま

▶主要4資産と分散投資した場合のリターンの推移

最高リターン

	2005	2006	2007	2008	2009	2010	2011	2012	2013	2014
第1位	日本株式	外国株式	外国債券	日本債券	外国株式	日本債券	日本債券	外国株式	外国株式	外国株式
	45	24	5	3	38	2	2	32	55	21
第2位	外国株式	外国債券	外国株式	外国債券	4資産分散	日本株式	外国債券	日本株式	日本株式	外国債券
	25	10	4	-16	13	1	0	21	54	16
第3位	4資産分散	4資産分散	日本債券	4資産分散	日本株式	外国株式	4資産分散	外国債券	4資産分散	4資産分散
	19	9	3	-29	8	-2	-6	20	32	13
第4位	外国債券	日本株式	4資産分散	日本株式	外国債券	4資産分散	外国株式	4資産分散	外国債券	日本株式
	10	3	0	-41	7	-3	-9	19	23	10
第5位	日本債券	日本債券	日本株式	外国株式	日本債券	外国債券	日本株式	日本債券	日本債券	日本債券
	1	0	-11	-53	1	-13	-17	2	2	4

最低リターン

GPIFウェブサイト（https://www.gpif.go.jp/gpif/diversification1.html）をもとに作成

す。

しかし現実には何が上昇するか、ホントわかりません。

予想しなければ、はずさない

上の図は日本株式と日本債券《さいけん》、外国株式と外国債券という四つの投資対象と、この四つの資産を4分の1ずつ分けて投資した場合で、どれが最も上昇したかを過去15年のデータで示したものです。

パッとみる限り、外国株が最も上昇している年が多いので、外国株に投資しておけばいちばん儲かるようにみえます。

しかし、２００８年をみると53%も下落しています。

この〝ハズレ〟の年に外国株を持っていたとすると、大損してしまうことがわかります。

つまり、外国株はこの四つの資産クラスでは、40ページ図にみる最もハイリスク・ハイリターンな投資対象だといえます。

「何」や「いつ」を予想して張る。それってギャンブル？

どの対象が最も上がるかを正しく予想することはできません。これは経済の素人に限らず、専門家でも同じ。豊富な経験と知識を持ったプロであっても、予想を外すことは日常茶飯事なのです。

「何」を買えば儲かるか、だれにも予想できない以上、上がる対象を予想してそこに張るというのはギャンブルに近い行為です。

同様に、「いつ」上がるかを予測して投資のタイミングを張るのも投機的な行為で、リスクが高くなってしまいます。

大きなリスクをとれない個人投資家は、上がる対象や時期をあてにいく投資をすると、外れたときのダメージが大きくなります。

リスクを抑えながら市場の成長の恩恵を受けるには、「あてにいかない。予想をしない」のが正解! それができ、それでも市場の成長の恩恵を受けられるのが、本書の「ほったらかし投資」のすごいところです。

あなたも、投資を始めると、「今日は上がっているか、それとも下がっているか」などと気になり、ついつい自分の予想のアタリ・ハズレに一喜一憂しがちになります。

それを長期間やっていると身が持ちませんし、自分にとってほとんど意味がなかったと思うことになるかもしれません。

そこで、「予想するのとは別のことに取り組んでいく」と、発想を変えてみましょう。

02

「分散」「長期」「積み立て」でリスクを抑えましょう！

投資がまったく初めてのあなたにとって、投資はリスクが高いと感じるかもしれません。それなのに、儲かる対象とタイミングを予想していたら、リスクはよけいに高くなってしまいます。

大事なのは、儲かる対象とタイミングを予想しなくてもいい投資をすること。

それには三つの方法があります。

「分散」すれば、どれかがマイナスでも補える

何が上がるかわからないのであれば、「全部買っておく」という手があります。全部買っておけば、そのうちどれかが上がったときにその恩恵を受けることができます。

同様に、何が大きく下がるかもわからないので、一つの対象に投資を絞り込むのはリスクが高くなります。

投資の有名な格言に、「卵を一つのカゴに盛るな」という言葉があります。いくつもの卵を同じカゴに入れていると、カゴを落としてしまうと卵は全部ダメになってしまいます。

しかし、いくつかのカゴに分けてあれば、別のカゴにある卵は守ることができるのです。

48〜49ページ図の2008年のランキングをもう一度みてください。この年は100年に1度の金融危機といわれたリーマンショックが起こった年です。

他の年では外国株がリターンのトップになっていることが多く、債券のリターンはかなり見劣りしますが、この年ばかりは日本債券がリターンのトップ。一方で、普段は稼ぎ頭である外国株は53％ものマイナスを出してしまっています。

このとき、四つの資産に分散していれば、マイナスは29％でした。それでも厳しい損失ではありますが、資産が半分になってしまうよりはだいぶマシでしょう。

資産が半分になってしまうのはイヤですが、〝平時〟の外国株の高いリターンをとらないのも、もったいないこと。だったら、分散して投資することで、ときどきやってくるこうした暴落相場《そうば》の下げ幅を軽くするのです。

「長期」で投資すれば、〝いっときの損〟も補える

分散投資をすると、いちばん上昇する対象に集中投資するより利益は小さくなるものの、いちばん下落《げらく》する対象に集中投資してしまった場合より損失を小さくできます。

それでも、1年単位で投資の成果を評価すると、2008年のリーマンショック時のように、3割近い損失を出してしまう年があります。

▶４資産分散投資で100万円を10年間運用した結果

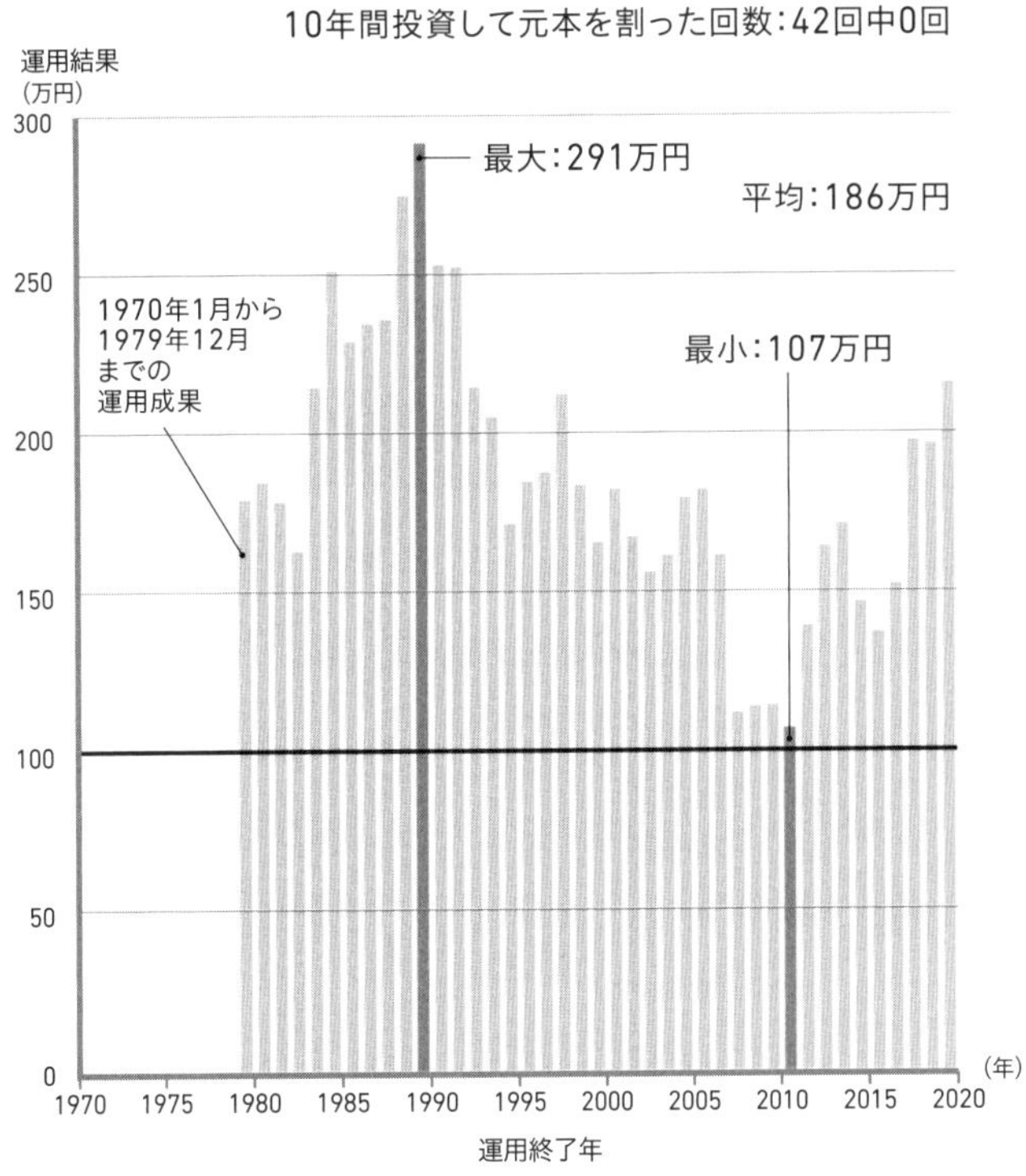

※運用コストとして、シミュレーション期間全体について、各資産ごとの管理運用委託手数料（年率）を用いている

各資産ごとの管理運用委託手数料（年率）

日本株式：0,02%、日本債券：0,01%、外国株式 0,04%、外国債券 0,02%

※税金、リバランスにかかる費用等の取引コストは考慮せず、利息・配当等は再投資したものとして計算

※過去のパフォーマンスは将来のリターンを保証するものではない

GPIFウェブサイト(https://www.gpif.go.jp/gpif/long-term-investment.html)をもとに作成

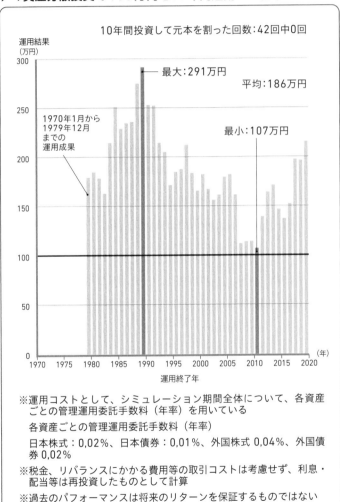

では、投資の成果を評価する期間を、１年（短期）ではなく10年（長期）に延ばしてみるとどうでしょう？

前ページの図は、１９７０年から２０２０年までの50年間に、１００万円を国内債券、国内株、外国債券、外国株の４資産に25％ずつ投資し、10年間保有した場合の運用成果をグラフ化したものです。

いちばん左端のタテ棒は１９７０年から１９７９年の10年間、隣の棒は１９７１年から１９８０年まで10年間の実績と、１年ずつ投資を開始した年をずらしてすべて10年間の実績を並べています。**左右に伸びる太いヨコ線はちょうど元本にあたる１００万円の水準です。**棒グラフの１本１本が、それぞれの10年の投資成果を表しています。

いちばんパフォーマンスがよかったのは、１９８０年から１９８９年までの10年間で、なんと１００万円が２９１万円になっています。

一方、いちばん成績が悪かったのはリーマンショックを挟《はさ》んだ２００２年から２０１１年までの10年間ですが、それでも１０７万円と７％増やすことができています。

すべてを平均すると、１８６万円と86%の利益を出すことができています。

リーマンショック級の危機でもあわてない!

金融市場はよいときと悪いときを繰り返すので、１年単位で評価するとどうしても運用成果のブレが大きく、損失は避けられません。

それでも、**10年続ければ、１００年に1度の金融危機にぶつかってしまった不運なタイミングでも、利益を出すことができている!** これは驚きの結果です。

過去50年間で損失を出さなかったからといって、将来も10年続ければ損失を出さずに済む保証はありません。それでも、１００年に一度の金融危機の直撃を受けても10年投資すれば報われたというのは頼もしいデータです。

「積み立て」で投資すれば、着実に資産が増えていく

投資対象を分散し、それを10年以上続ければ安定した成果が期待できるわけですが、10年以上放置できるまとまった資金はないという人も多いでしょう。そんな人には、積み立て投資という手があります。

積み立て投資は、毎月決まった額を投資していく方法です。投資する金融商品と金額を決めて金融機関に申し込むと、毎月同じ日に同じ額が銀行口座から引き落とされ、投資されていきます。

金額は大手ネット証券であれば100円から設定できるので、まとまった資金がなくても毎月の給与から少しずつ、投資額を増やしていくことができます。すべて自動。ストップする手続きをしない限り、ほったらかしで投資額を積み上げていくことができます。

積み立て投資のメリットはそれだけではありません。リスクをより抑え、利益のチャンスを増やす積み立て投資ならではの魅力がたくさんあります。

03

積み立て投資にタイミングはありません

　投資金額を一度にまとめて投資する一括投資の場合は、投資したあとに暴落《ぼうらく》相場に見舞われるとなかなか利益を出せなかったり、大きな含み損を出して回復するまでに長い時間がかかったりすることがあります。

　このため、投資タイミングには慎重になる必要があり、いつ投資すればいいのかわからないまま最初の一歩を踏み出せない人も少なくありません。

　相場が上昇していると、

「今は高すぎるのでは？」

と心配し、逆に相場が下落していると、

「さらに下がるのでは？」

と不安になり、結局いつまでたっても投資できないのです。

始めようと思ったときに、すぐ始めるのがベスト！

一括投資では、どんなに熟考しても勉強しても、絶好の投資タイミングを事前に予想することはできません。

また、投資したタイミングがよかったのか悪かったのかは、あとになってからでないと判断できず、これはプロの機関投資家でも同じです。

しかし、積み立て投資は毎月少しずつ投資を続けるので、いつスタートしてもOKです。また、**積み立て投資は投資のタイミングを分散する効果があります。**

早く始めて長期で投資するほど元本が増えるので、始めようと思ったときにすぐ始めるのがベストです。

「それでもやっぱり、高いときより、なるべく安いときに始めたい」

と考える人もいます。確かに、投資で成功する最もシンプルな方法は「安く買って高く売る」なので、高いときに買ってしまうと不利にはなります。でも、今が高いか安いかは、あとになってからでないとわかりません。仮に、今の価格が１か月前より大きく上昇していて、

「高すぎるのでは？」

と感じたとしても、今後さらに力強く上昇していくかもしれません。「もっと安くなってから」と見送っているうちに、株価ははるか遠い水準まで上昇し、「あのとき買っていたら」と後悔することは〝投資家あるある〟です。

もちろん、その逆もあり、待っていれば下落に転じることもあります。

しかし、いずれにしても結果論。毎月買い続ける積み立て投資なら、上昇していく相場に乗ることも、下落しているバーゲン相場で安く拾うことも、両方が可能になります。

カシコイあなたは、今が高いか安いかといった分析・判断はせず、すぐに始めましょう。

04

暴落相場も怖くありません

一括投資であれば、投資してすぐに市場が暴落に見舞われてしまうと目もあてられない惨事《さんじ》になりますが、積み立て投資なら心配いりません。

高値で買ってしまったのは最初の数か月だけで、目の前の暴落相場ではバーゲン価格で投資できます。

暴落相場が長いほど、また下落幅が激しいほど、長い期間、安く買い続けることができるので、回復したときの利益を大きくできるわけです。

半値まで暴落しても、資産は倍になる

価格が変動するリンゴを6か月の間、毎月100円で買い続けると考えてみましょう(次ページ図参照)。

最初の月のリンゴ価格は100円なので1個、翌月は50円に値下がりしたので2個、というふうに、どんどん値下がりするリンゴを100円分買い続けていきます。

4か月目には10分の1の10円にまで値下がりしましたが、ここで底打ちして最後の6か月目には50円にまで回復しました。それでも投資を始めたときの半値までしか戻っていません。

6か月間で投資した合計600円の資金を、もし最初の月に全額投資していたら、最終的に買えたリンゴは6個。価格は半減しているので、保有しているリンゴの価値は300円と資産を半減させたことになります。

▶積み立て投資なら下落相場でも利益が出る！

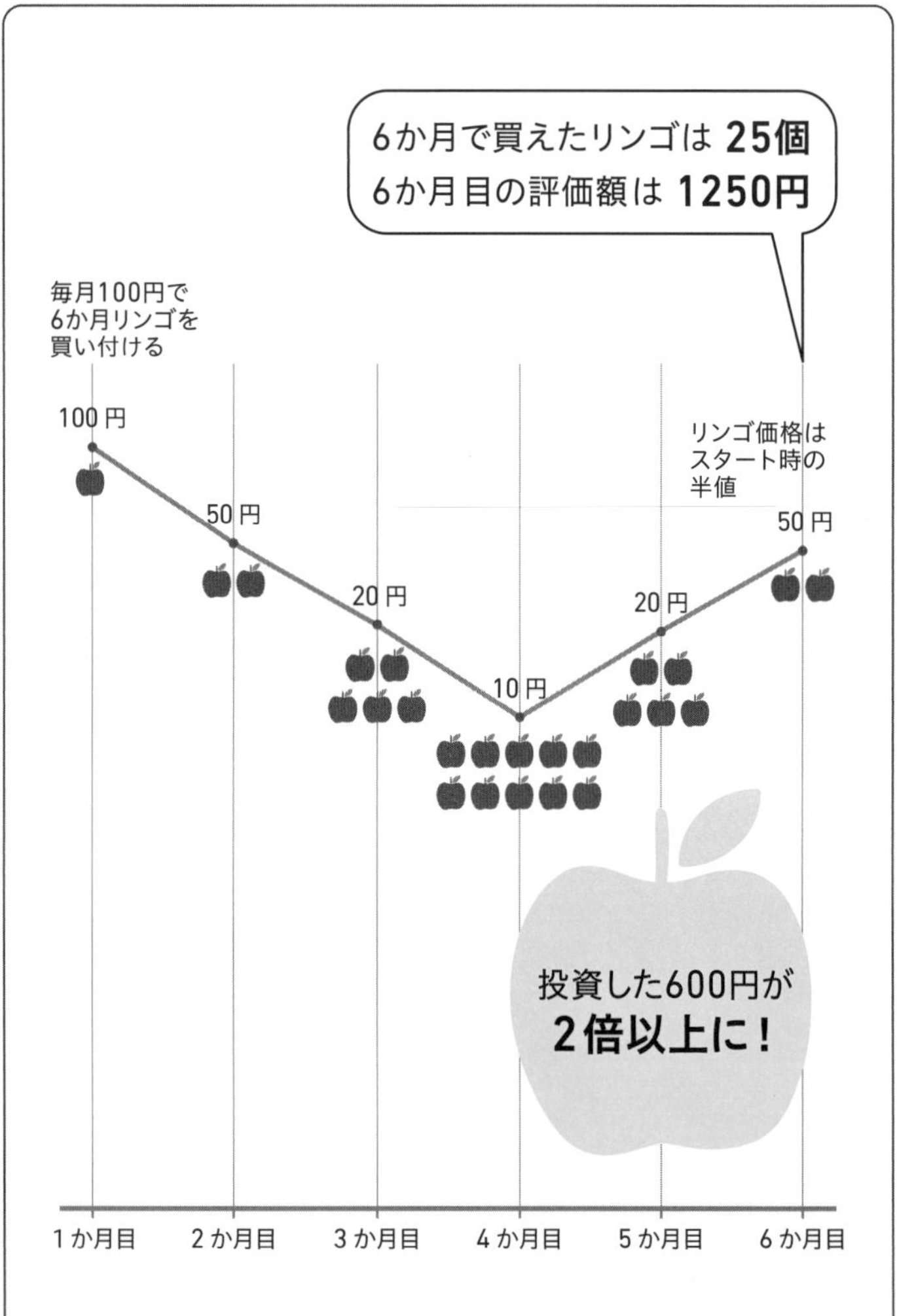

一方、積み立て投資の場合、買えたリンゴの数はなんと25個に達します。6か月後の価値は1250円で、投資したお金は倍以上に膨らんだことに!

投資を始めてすぐに暴落に見舞われ、投資終了時のリンゴ価格はスタート時の半分まで下落しているにもかかわらず、最終的に資産は倍以上に増えているのです。

いったいどうして?

それは、途中に暴落相場を経験したからです。暴落相場では安く買えるので、この間にたっぷりと仕込んでおけば、最終的にはスタート時まで価格を戻すことができなくても利益が出るのです。

この例ではリンゴの価格が50円に回復した時点で投資をやめていますが、100円に戻るまで待つことができれば、600円の投資を2500円まで増やせる計算になります。

一括投資なら投資した額に戻っただけでプラスマイナスはゼロなのに、積み立て投資ならその時点で資産は4倍を超えています。

もちろん、暴落の真っただ中では、すでに買ってある資産は元本割れ。このリンゴのケースでも、10円まで下落した月には前月まで300円投資したリンゴは80円の価値しかなくなっています。

これまでに投じた資産が3分の1以下になっている状態ですから、気持ち的にかなり苦しい局面です。耐えきれずに投資をやめて損失を確定してしまう人もいるでしょう。

でも、そこをなんとか投資を続けることができれば、相場が回復したときには大きな利益が出る！　長期の積み立て投資は、そんな投資なのです。

ストレスを感じる必要はありません

「だったら毎月買わなくても、暴落相場が来たときにまとめて買ったほうが儲かるよね！」

そう考える人はいませんか？　それはそのとおりで、暴落時の底値で全財産を投資できればいちばん効率的に利益を出せます。

このリンゴのケースであれば、10円まで下がったタイミングで600円を投じれば、50円まで回復した時点で資産を5倍にできます。

しかし、それは机上《きじょう》の空論で、現実にそれができる人はほとんどいません。

「安くなったら買おう」

と思っている人でも、実際に暴落相場が来てその渦中《かちゅう》にいると、

「このままどんどん下がっていくのでは?」

と感じ、恐ろしくて買えなくなるからです。

数か月前までは100円だったリンゴの価格が10円まで大暴落しているときに、そのリンゴ価格が5倍、10倍になる未来を予想して行動するのは簡単なことではありません。

「あの大底《おおぞこ》のときに買っておけば、大儲けできたのに」というのは結果論で、現実に暴落相場で買い向かうのは簡単なことではないのです。

上昇しているときも同じです。グングン上昇している力強い局面は、さらに上

昇する途中経過である可能性もありますが、

「前はあんなに安かったのに、こんなに高くなっていると買えない」

「こんなに上昇していたら、そのうち下落に転じるのでは？」

などと感じる人がたくさんいます。そうなると、結局買うことができず、どんどん上がっていく相場を、指をくわえてみているだけになってしまうのです。

結局、**感情に流されていると、下落局面でも上昇局面でも買えません。**でも、一度設定すれば自動で買い続ける積み立て投資なら、上昇局面も暴落局面もチャンス！　とばかりに確実に買い続けられます。

積み立て投資をする人にとっては、相場が上昇すれば過去に買いつけている資産の価値が上がるので、うれしいこと。逆に相場が下落すれば、これから安く投資できるチャンスが広がるので、やはり喜ぶべき局面です。

積み立て投資は、上がっても下がってもメリットがあるので、市場の変動に対して一喜一憂する必要がなくなるのです。

100円から始めた場合は、少しずつ増やしましょう!

まとまったお金がない人でも始めやすい。これが積み立て投資のもう一つのメリット。大手ネット証券でなら、わずか100円から始められます。

ただし、100円投資はあくまでスタート時のハードルを下げるしくみです。元手が極端に少なければ、当然利益も微々たるものになってしまい、ずっと100円を積み立てていてもあまりお金は増えません。

そこで、積み立て投資の毎月の投資額はネット証券のウェブサイトで簡単に変更できるので、慣れてきたら、少しずつ金額を増やしていきましょう。この場合、

「ちょっと多すぎるかな?」

と思える金額でも大丈夫。

「やっぱりこれだと生活費が足りない」

となれば、翌月から積み立て額を減らせばよく、なにより続けてこそ効果が発揮できるのです。

05

「老後2000万円問題」も積み立て投資で解決！

「老後2000万円問題」についても、定年の年齢まで時間があるあなたには決してムリな金額ではありません。

ここでは、実際に長期分散で積み立て投資をした場合、どの程度の資産形成が期待できるのかをシミュレーションしていきましょう。

私たちが老後に受け取る公的年金の積立金を運用しているGPIF《ジーピーアイエフ》（年金積立金管理運用独立行政法人）の過去20年間（2001年～2021年度第1四半期）の収益率は、3・7％です。GPIFと同じリターンで、30歳の人が65歳の定年まで、月3万円の積み立て投資を続けると、どうなるでしょうか（左図）。

▶利回り3.7%での積み立て投資

毎月積立額	3万円
積み立て期間	35年
利回り(年率)	3.7%

35年目
積立元本 + 利益
2552万6886円

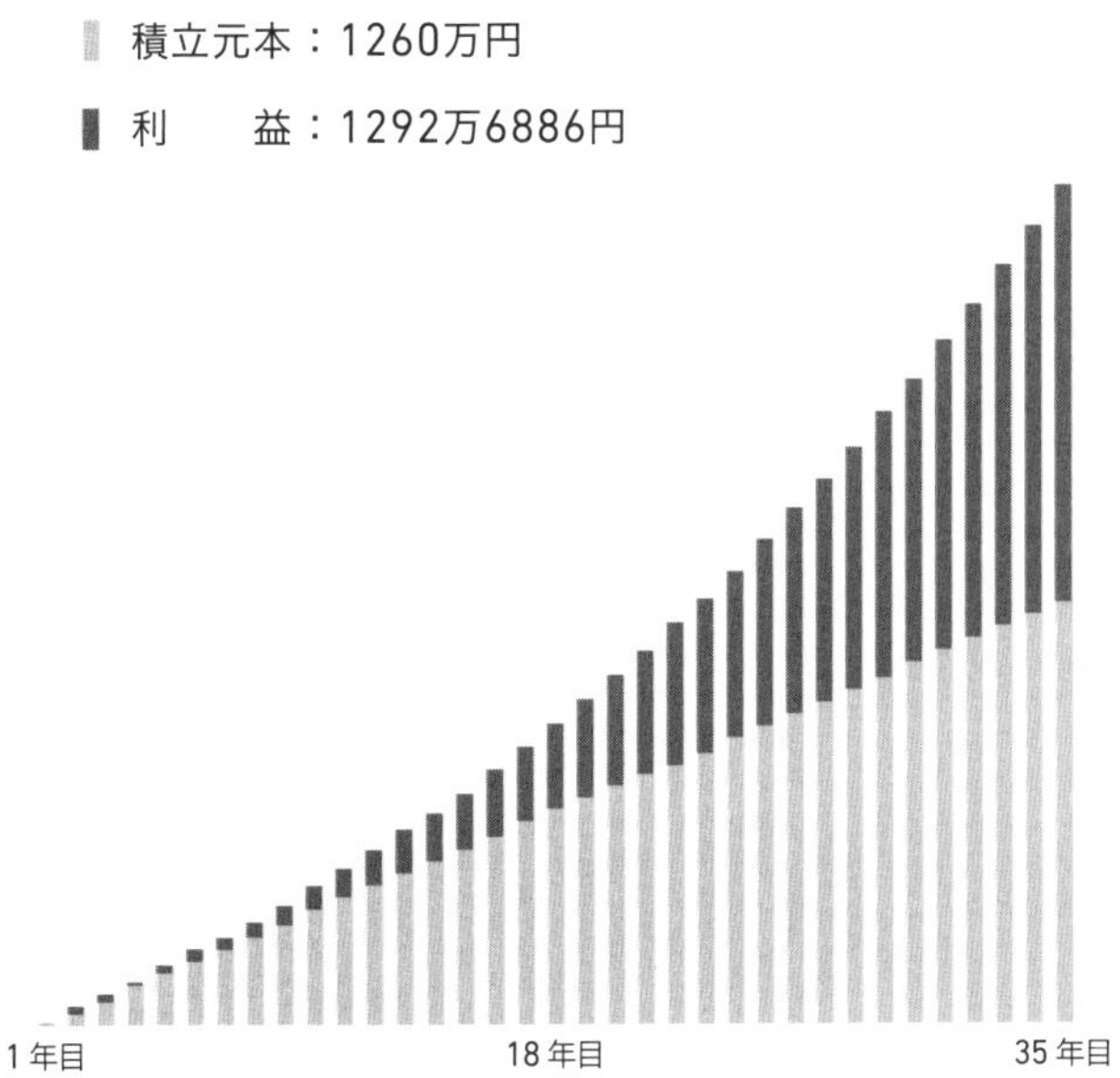

※対象が価格変動する実際の投資では成果が異なります

積み立てたお金は1260万円、投資の利益は積み立てたお金を上回る1292万円で、合計2553万円の資産を形成できます。老後2000万円どころか、それをはるかに上回る額をつくれるのです。

老後が楽しみに！ 30歳の5・6％シミュレーション

前述のとおりGPIFの過去20年の平均リターンは3・7％ですが、実はこの20年の間に運用方針が大きく変更されています。

どんな資産にどんな割合で投資するかという配分をポートフォリオといいますが、2014年前半までのGPIFのポートフォリオは、ほとんど増えない日本債券が多く、株式には20％程度しか投資していませんでした。

ところが、2014年の後半からは株式への投資比率を半分まで引き上げ、日本債券、外国債券、日本株、外国株それぞれ4分の1ずつを基本ポートフォリオとしています。この変更により、GPIFの運用リターンが大幅に向上しました。

▶利回り 5.6%での積み立て投資

毎月積立額：3万円
積み立て期間：35年
利回り(年率)：5.6%

35年目
積立元本 + 利益
3850万5101円

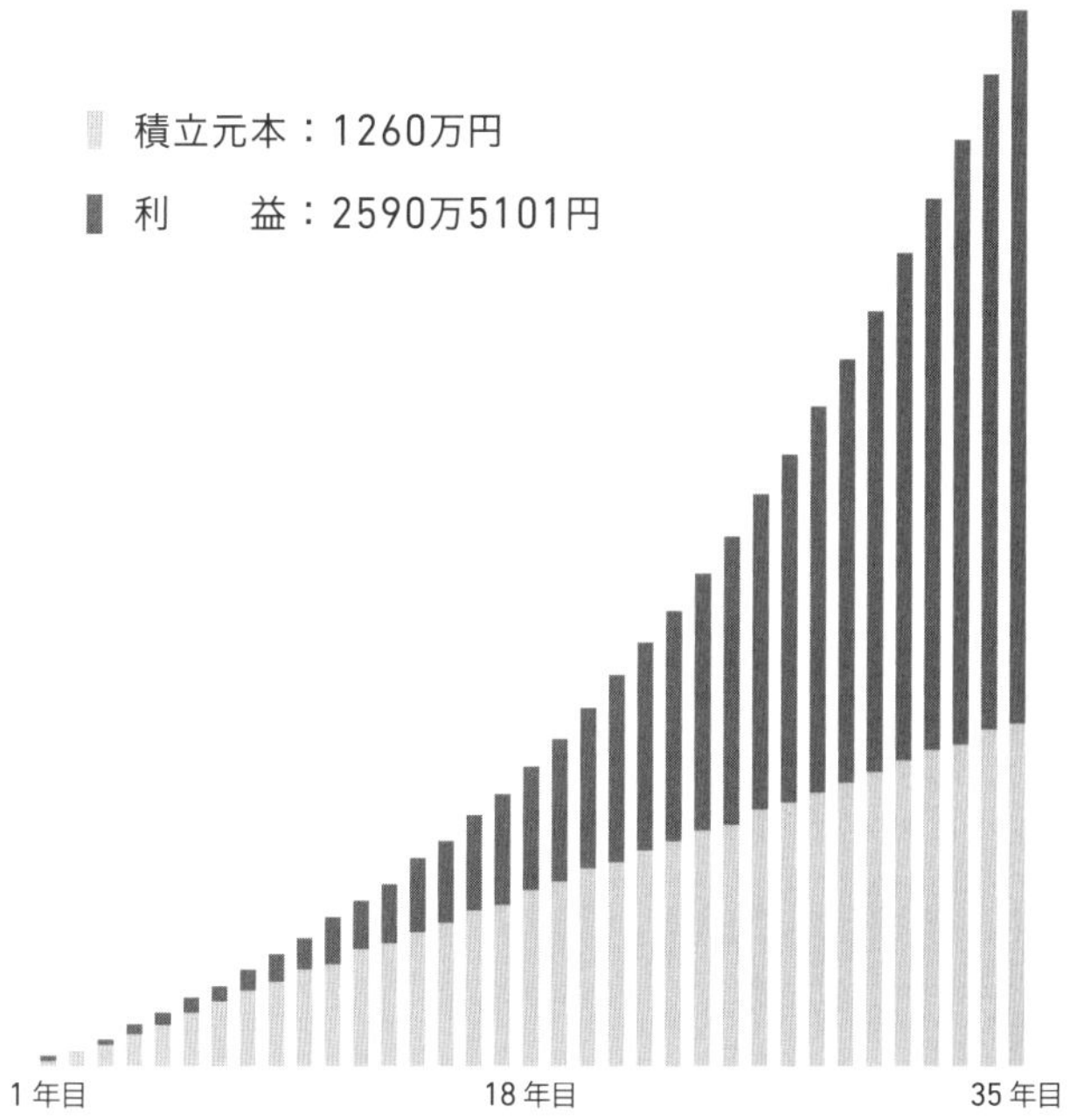

※対象が価格変動する実際の投資では成果が異なります

ＧＰＩＦではこの基本ポートフォリオで10年間投資した場合、平均リターンの中央値を５・６％と算出しています。そこで、５・６％で35年間運用できた場合もシミュレーションしてみました（前ページ図）。

なんと、投資の利益は積み立てたお金をはるかに超える２５９０万円になり、30年後の資産は３８５０万円にもなりました。

これが、長期、分散、積み立て投資のパワーなのです。

これでも十分！４％シミュレーション

ＧＰＩＦの運用成果や試算をもとに３・７％、５・６％という二つのシミュレーションを紹介しましたが、二つのパターンの間をとった４％のシミュレーションも試してみましょう。

積み立てたお金は１２６０万円に、投資の利益は積み立てたお金を超える１４５８万円、合わせると２７１８万円と３０００万円近くの資産を形成できます。

▶利回り4.0%での積み立て投資

※対象が価格変動する実際の投資では成果が異なります

2700万円強だと、3000万円に少し足りないと思うかもしれません。

でも、これが着実にできる人は、10年、20年たって自分のゆとりが出たときに、毎月の積み立て額を増やせます。

すると、**積み立ててから35年後には、着実に3000万円に到達しているでしょう。**

「月3万円も？ 35年なんてムリ！」という人へ

このシミュレーションは、30歳の人が65歳になるまでの35年間、月3万円を積み立て投資した場合のシミュレーションです。でも、実際は、

「月に3万円も積み立て続けるなんてムリ！」

という人もいるでしょう。また、条件どおりに積み立て投資ができる人でも、年3・7％を超える利回りで投資できる保証はなく、実際に形成できる額はこれを下回る可能性も十分あります。

だったら、投資してもしかたがないのでしょうか。

老後の準備や資産形成は、0か100かという極端な問題ではありません。2000万円を準備できず、なんとか貯められたのが1000万円だったとしても、なんの準備もしないよりはずっと豊かな生活を送ることができます。

用意できた金額が500万円でも、ゼロに比べればずっと安心できます。

そもそも、老後に必要な資金はその人の生活スタイル、住む地域の物価や住宅費の事情に大きく左右されます。質素に暮らせる人であれば、そこまでの金額は必要ありません。

加えて、**家計を見直して生活費をスリムにし、浮いたぶんを積み立て投資に充てることで、資金の準備だけでなく「家計のスリム化」という老後準備ができることになります。**

少なめの生活費で暮らすことに慣れておけば、準備できる資金が少なくても十分暮らせます。少額しか積み立てられない場合でも、あきらめる必要はありません。今できることを始めることが重要なのです。

06

株や債券などをまとめ買い！投資信託のしくみとメリット

長期・分散の積み立て投資は、分散投資できる対象に、決まった額をコツコツ投資し続けるのがキモです。

そのためにピッタリの金融商品が投資信託です。

たくさんの投資家からの資金で、複数の銘柄に分散して投資する

投資信託はたくさんの投資家から集めたお金をまとめて、専門家が運用してくれる金融商品です。「投信《とうしん》」や「ファンド」とも呼ばれ、証券会社や銀行で購入できます。

投資対象は日本はもちろん外国株や債券、REIT《リート》（不動産投資信託）などさまざまです。

たとえば、日本で上場している株に直接投資する場合は安いものでも10万円程度の資金は必要ですが、投資信託であれば1万円程度から買えます。大手ネット証券であれば１００円から購入できます。

米国などの外国株や、インドのような個人投資家が直接投資するのがむずかしい国の株でも、投資信託なら手軽に投資できます。

投資信託の中身である株や債券の価格が変動すれば、投資信託の価格も同じように動きます。

また、投資信託の中身に配当金《はいとう》や賃料収入などがあれば、その投資信託も分配金というかたちで配当を出します。

分配金はあえて出さず、再投資して投資信託自体の値上がりをめざすものもあります。

投資信託のラインナップは幅広く、現在6000本以上が販売されています。

日本の株だけでも日経平均株価（日本の株式市場に上場する代表的な225社の平均株価）やトピックス（東証1部に上場するすべての日本企業の株価）といった株価指数に連動する商品があります。

そのほか、自動運転やAIといった成長性の高いテーマを設定し、このテーマに合う企業を選んでまとめて投資する商品もあります。

いずれにしても、**投資信託は一つの銘柄だけに投資するのではなく、複数の銘柄に分散して投資するので、投資家は少額の資金でも投資先を広く分散させることができます。**

100円でアップル株にも投資できる!?

たとえば、日経平均株価は225の銘柄で構成され、いちばん構成比率が高いファーストリテイリング（ユニクロやジーユーを傘下に持つ企業です）1銘柄に株で直接投資する場合は、８００万円程度が必要になります。

しかし、日経平均株価と同じ値動きをする投資信託を買えば、わずか１００円でファーストリテイリングを含む２２５銘柄すべてに投資できることになります。

同様に、米国を代表する株価指数であるS＆P《エスアンドピー》５００（ニューヨーク証券取引所、ナスダック等に上場している代表的な５００社の株価）に連動する投資信託を買うことも同じです。

そうすれば、１００円でアップルやマイクロソフト、アマゾンといった日本でもなじみ深い企業５００社にまとめて投資できます。

投資信託は幅広い投資対象に少額から手軽に投資できるので、投資初心者やまとまった資金を持たない人にもトライしやすい金融商品です。

07

資産形成の目標を設定したら、やるべきことがみえてきます！

積み立て投資は、少額でもいいので、まずやってみるだけでもスタートとしては十分です。ただ、慣れてきたらもう少し具体的な目標を描いてみましょう。

目標を定めたうえで、柔軟に対応する

定年後に豊かな生活を送りたい、マンションを買いたい、子どもが大学進学をする15年後までに進学費用を用意したい、子どもが大学を卒業したら海外旅行をしたい、などなど、なんでも大丈夫です。

▶積み立て期間と額の目安

		積み立て額				
	積み立て期間	1万円	2万円	3万円	4万円	5万円
2.0%コース	10年	133万円	265万円	398万円	531万円	664万円
	20年	294万円	589万円	883万円	1178万円	1472万円
	30年	491万円	983万円	1474万円	1965万円	2457万円
	35年	605万円	1211万円	1816万円	2421万円	3027万円

		積み立て額				
	積み立て期間	1万円	2万円	3万円	4万円	5万円
3.7%コース	10年	144万円	290万円	435万円	580万円	725万円
	20年	350万円	707万円	1061万円	1415万円	1769万円
	30年	643万円	1308万円	1963万円	2617万円	3271万円
	35年	833万円	1702万円	2553万円	3404万円	4255万円

		積み立て額				
	積み立て期間	1万円	2万円	3万円	4万円	5万円
5.6%コース	10年	160万円	321万円	481万円	642万円	802万円
	20年	439万円	878万円	1316万円	1755万円	2194万円
	30年	922万円	1844万円	2765万円	3687万円	4609万円
	35年	1283万円	2567万円	3851万円	5134万円	6418万円

※対象が価格変動する実際の投資では成果が異なります

その目標をかなえるためにどのぐらいの費用が必要なのか、ざっくり試算してみましょう。

現実に形成できる資産の額はどの程度の利回りで運用すれば実現できるかは、市場環境に左右されるため正確な予測はできません。

そこで、**楽観的な予想を立てて足りないと困るので、若いうちは2〜3%前後の利回りで控えめに見積もり、余裕ができたら3・5、4%以上を見積もってもいいでしょう。**

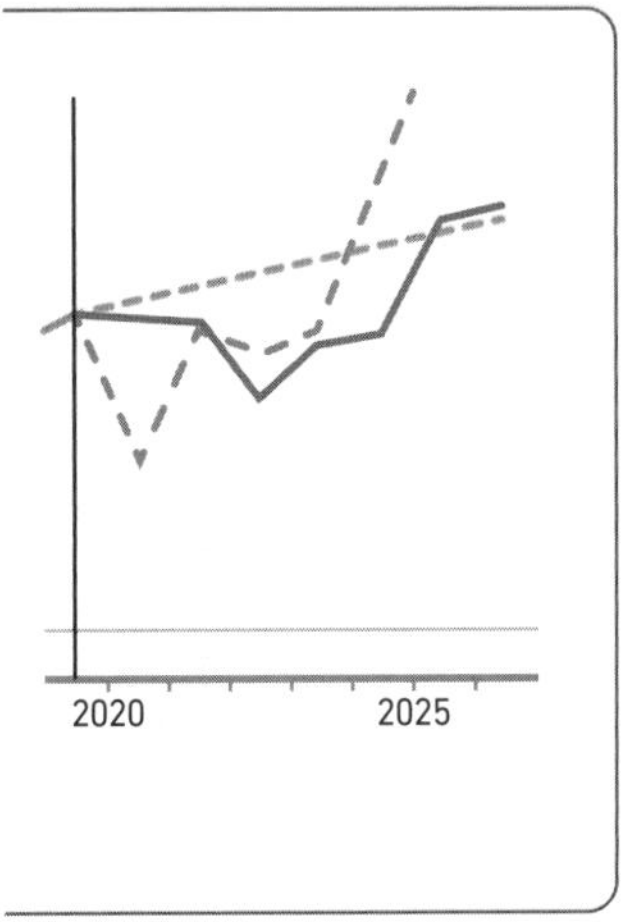

Portfolio_Jp_details.pdf)をもとに作成

ライフスタイルや収入は変わっていくので、一度決めた目標に縛られる必要はありません。**環境や生き方が変わったら、目標も柔軟に変更してOKです。**

参考までに、積み立てできる期間と積み立ての額によって、形成できる額の目安を表にしてみました（前ページ参照）。

▶実質的な運用利回りでの実績値と推計値（いずれも累積）

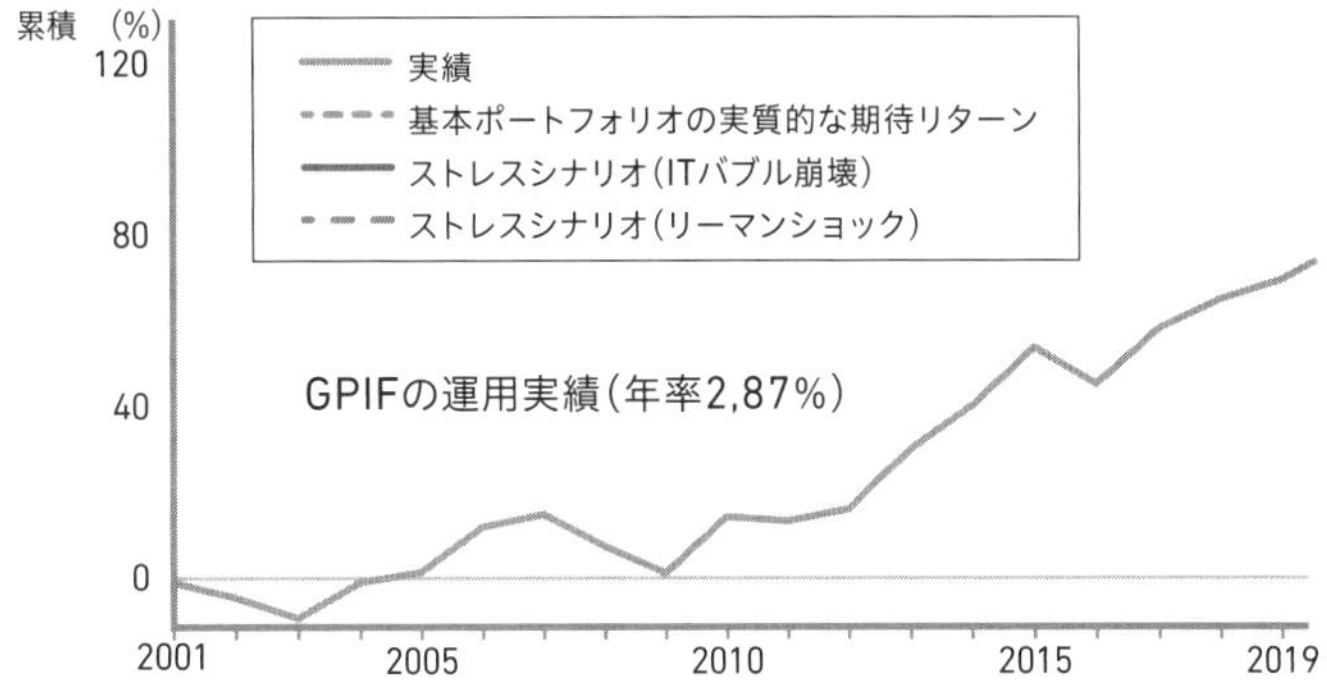

※2019 年度の数値は 2019 年 12 月末時点の実績値を代用
※GPIF の運用実績（年率 2.87%）は 2018 年度までの数値

GPIFウェブサイト(https://www.gpif.go.jp/topics/Adoption%20of%20New%20Policy %20

控え目に見積りたい人向けの2・0%、公的年金の収益率と同じ3・7%、GPIFの基本ポートフォリオでのリターンの中央値5・6%での目安です。

より詳細なシミュレーションは金融庁や証券会社などが提供している積み立て投資のシミュレーションサイトを使うと簡単です。

下落した場合も覚悟しておきましょう

ただし、増えることを期待して、逆方向をまったく想定しないのも危険です。

過去のデータをみる限り、10年以上投

資を続ければ元本を割る可能性はきわめて少ないとはいえ、リーマンショックのような金融危機や景気の減退などに見舞われると、短期的には元本を大きく割り込むことがあり得ます。

前ページのグラフは、GPIFが2008年のリーマンショックと、2000年のITバブル崩壊時のデータを使って、同じような相場下落が起こった場合の基本ポートフォリオの値動きをシミュレーションしたものです。

リーマンショック級の下落があると、一時的ではあるものの資産は40％を超えるマイナスが出ています。

この程度の下落はいつでも起こり得ると覚悟しておきましょう。そして、実際にこうした下落が起こったときには、あわてることなく、これは想定内の事態であることを思い出してください。

このグラフのガクンと下がったタイミングで、怖くなって投資をやめてしまっては元も子もありません。永遠に下がり続けるマーケットはないので、回復を信じてそのまま積み立て投資を続けましょう。

08

投資、金融商品には、どんなものがあるの?

ここで、主な投資商品についておさらいしておきましょう。直接買うことも、投資信託を通して買うこともできます。直接買う投資と投資信託の違いを押さえておきましょう。

直接投資と投資信託の違い

株や債券などは、それぞれ証券会社などを通じて直接的に買うことができます(直接投資)。

▶直接的な投資のしくみ（株式取引の場合）

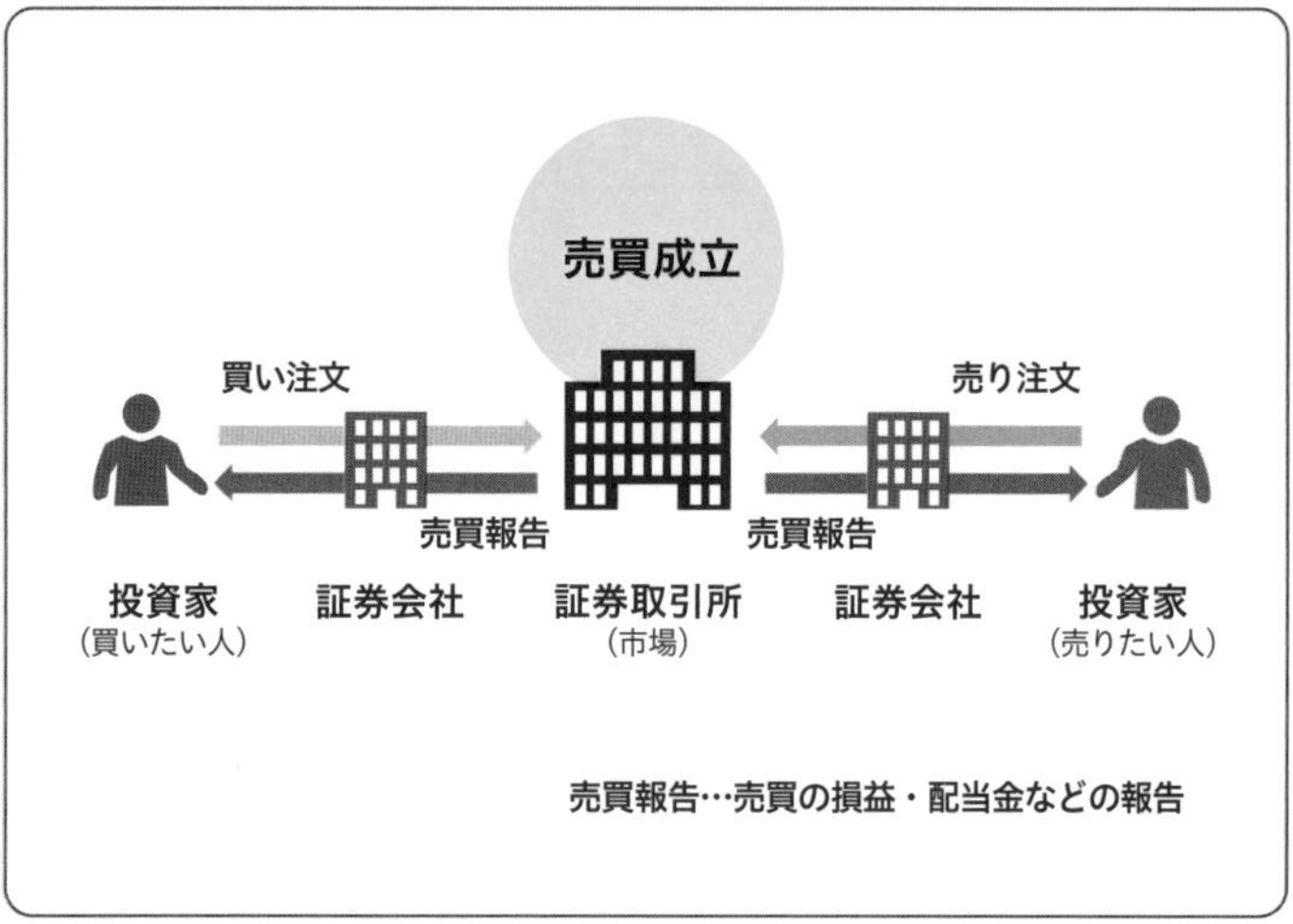

▶投資信託のしくみ

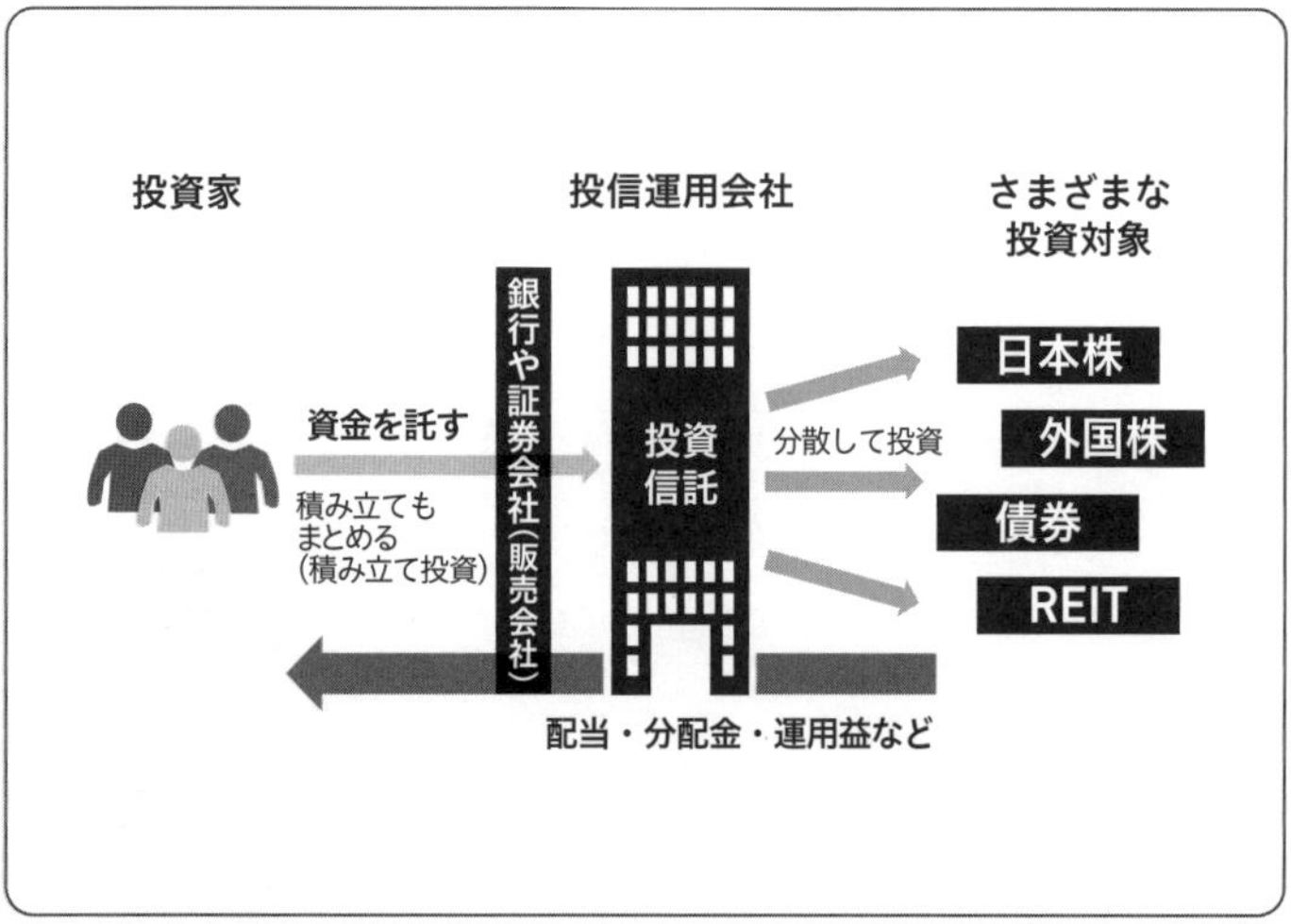

一方、投資信託は、投資したいという人（投資家）からお金を集め、それをまとめて大きなお金として、運用の専門家（投信会社）が株や債券などに投資・運用します。

投資信託は一度に買うこともできますし、積み立てで買うこともできます。また、投資信託の運用成果は投資家それぞれの投資額に応じて分配されるしくみになっています。

直接投資を株で示すと前ページ上図のようになり、投資信託を図で示すと前ページ下図のようになります。

主な金融商品の長所・短所と、投資のツボ

主な金融商品である債券、株式、REIT《リート》についてみていきましょう。

①債券……満期と利率が設定された借用書

債券は「借用書」のようなもので、国や企業などがお金を集めるために発行します。タダではお金は集められないので、買ってくれた人には利息が支払われます。

債券には満期と利率が設定されます。満期まで持てば元本《がんぽん》は全額返してもらえ、決められた利息も受け取れます。国が発行する債券である国債《こくさい》は安全性が高いぶん利率が低くなります。利率は金利の下限が0・05％で、預貯金よりも少し有利です。

企業が資金調達のために発行する社債《しゃさい》という債券もあり、国債に比べると安全性は劣ります。

経営が安定した企業であればリスクは比較的低くなりますが、そうでない企業の場合はリスクが高まるので、そのぶん高い利率で発行されます。

日本の個人向け国債であれば、購入から1年経過すれば元本割れすることなく中途換金できますが、個人投資家が入手できる社債などは途中で売ろうとしても額面では売却できず、損をすることもあります。

購入する際は、基本的には満期まで保有することを前提とするか、債券が組み入れられた投資信託を活用するのが手軽です。

②株式……株価の上昇・下降は含み損益、売却するときに確定する

債券は企業にお金を貸すことで利息をもらう投資であるのに対し、株式は企業に対して出資をする投資です。

株を買って株主になると、その企業の株を保有しているすべての株主と会社の所有権を分け合うことになり、たとえ持っている株数が売買の最低単位である100株であっても、その会社のオーナーになります。

債券であれば、満期が来たら発行した企業に元本を返してもらえますが、株式を持っていても企業からお金を返してもらうことはできません。ただし、その会社の株をほしいという第三者に売ることができます。

こうした売買が日々行なわれているのが株式市場です。**株式市場では売りたい人と買いたい人のニーズが合致する水準で株価が決まります。**その株の人気が買ったときよりも上がっていれば株価が上昇し、売ることで利益を出せます。

投資したときよりも株価が上昇しているときは、「含み益《えき》」が出ている状態です。売って利益を確定させてもよく、持ち続けて、さらに上昇をねらうのもＯＫです。

逆に買ったときより株価が下がって損失が出ている状態が「含み損《ぞん》」です。含み益も含み損も、売却するまでは確定しません。

また、株を売らなくても、持っているだけで「配当」を受け取ることもできます。企業は毎年決算をして、利益があると株主に配分するからです。

長期で持ち続け、毎年配当を受け取りながら株価も上昇するというのが株式投資の理想的なシナリオの一つです。

ただ、配当は必ずもらえるものではありません。業績が低迷して利益が出なければ配当を出さない場合もあり、そもそも成長途上のベンチャー企業は利益を今後の成長投資に充てて配当をしないことも多くあります。

逆に、それまで配当を出してきた企業であっても、業績が悪化して利益が出なければ配当を出せなくなることもあります。株価が下がって含み損になったうえに、これまで出してきた配当がなくなるということもあり得ます。

株式投資は米国など外国の企業の株式に投資することも可能です。外国株の場合はたとえ株価が変わらなくても為替《かわせ》相場が変動すると日本円で換算した資産価値が変動する為替変動リスクも加わります。

個別株でもほったらかし投資は可能ですが、業績や事業環境の悪化といった個別要因で値下がりするリスクも高くなります。

逆に米国のアマゾンやアップルなどのように、ほったらかしている間に株価が何千倍にも膨らむ夢もあります。

③REIT（不動産投資信託）……分散投資の銘柄として人気に

何もしなくてもお金が入ってくる〝不労所得〟の代表格が不動産の賃貸収入です。しかし、実際に不動産を所有するのは非常にハードルが高く、よほど資金力がある人でない限り多額の資金の借入れが必要です。

そこで、少額の投資でも間接的に〝家賃収入〟を得られる金融商品として誕生したのがＲＥＩＴ《リート》です。

ＲＥＩＴは投資家から集めたお金でオフィスビルやマンション、ホテル、商業施設や物流施設などの不動産を取得し、得られる賃貸収入を投資家に分配する金融商品です。

日本のＲＥＩＴは東京証券取引所に上場しており、数万円から投資できます。

ＲＥＩＴを対象にした投資信託なら、１００円からでも投資ができ、積み立て投資も可能です。

安定した分配金に加え、債券や株とは異なる値動きをすることから、分散投資の対象として人気があります。

こうした金融商品に分散して長期に積み立て投資していく手法が「ｉＤｅＣｏ」であり、「つみたてＮＩＳＡ」なのです。

COLUMN

積み立て投資を保険商品でやってもいい?

「積み立て投資をするなら変額保険で」と勧められた経験のある人がいるかもしれません。

変額保険とは、毎月決まった額を積み立てると、保険会社がそのお金を株式や債券などに投資してくれる保険商品です。

プロが運用してくれる投資信託の積み立て投資とよく似たしくみに思えますが、いくつか異なる特徴があります。

変額保険は保険料払い込み期間が終わると運用成果に応じた保険金を受け取れる保険で、さらに死亡保障もついています。

満期に受け取る保険金は運用実績によって変わります。

運用の中身は、保険会社が用意したラインナップから選べるものが多く、選択肢は一般的な投資信託とよく似た対象です。

すると、投資信託の積み立て投資に死亡保障がプラスされたようなイメージなので、おトクに感じる人もいます。

しかし、保険商品は投資信託に比べるとコストが高く、同じような対象に運用していても受け取れる金額は大幅に少なくなる傾向にあります。

資産運用は投資信託など専用の金融商品で行ない、万一の備えはシンプルな掛け捨ての死亡保険や医療保険を活用するのが合理的です。

一般的にはセット商品はバラで買うよりおトクですが、資産運用の世界では単品買いをするほうが有利です。

単品で持つほうが、お金が必要なときに資産運用商品だけを換金して保険を残したり、保険が不要になったときは保険だけを解約して資産運用は継続する、といった柔軟な対応も可能です。

また、後章で詳述しますが、投資信託で運用するほうが、より税制優遇措置を受けられる有利なしくみを利用することもできます。

第3章

「iDeCo」と
「つみたてNISA」は
積み立て投資の最強ツール

01

iDeCo、つみたてNISAを使い分けましょう

まとまった資金は用意できない、お給料も多いとはいえないけれど、毎月なんとかもらえている……そんなあなたにとって、積み立て投資はぴったりの資産運用法です。

さらに、**積み立て投資では非課税（税金がかからない）で有利に投資できるしくみが用意されています。**

それが、次の二つです。

①i《イ》De《デ》Co《コ》（個人型確定《かくてい》拠出《きょしゅつ》年金）

②つみたてNISA《ニーサ》（少額投資非課税制度）

本来、株式や投資信託などに投資して利益を得た場合は、その利益の約20%の税（所得税、住民税、復興特別税）がかかります。

そのため、実質的に手にできるのは、利益の8割程度。ところが、この二つの制度では実質的に利益をすべて手にできるので、より有利に投資できるのです。

この二つの制度は特徴が異なります。それを理解したうえで使い分けましょう。

iDeCoは老後資金形成の〝最強〟ツール

iDeCoは、「個人型確定拠出年金」という制度の愛称。**老後のために現役時代から投資信託などにお金を積み立てていく私的な年金制度です。**

公的年金は世代間の助け合い制度なので、若い人はお給料から差し引かれている年金保険料をそのまま老後に受け取るわけではありません。現役世代が負担した保険料で、老後世代に年金を給付する「仕送り」のようなしくみになっています。

このため、寿命が早く来てしまうと若いときに払ったほどには受け取れないことになり、逆に長生きすれば支払った保険料を超えて受け取れることになります。

しかしiDeCoは、自分名義の口座をつくって自分でお金を積み立てていくしくみです。支払ったお金（掛金《かけきん》といいます）がそのまま見ず知らずの高齢者に送られるようなことはなく、自分名義の資産となります。

iDeCoで積み立てた資産は、**たとえ破産した場合でも差し押さえの対象にならず、離婚しても原則として財産分与の対象にもならない。**老後の生活のために強力に守られる資産です。

受け取る前に死亡した場合でも、積み立てたお金を遺族が受け取ることができます。

また、公的年金は現役時代の収入額などに応じて受け取れる額が決まりますが、iDeCoは自分が積み立てたお金を自分で運用し、その運用成果に応じた額を受け取れます。

運用がうまくいけば、積み立てた額を大きく上回る額を受け取ることができます。でも、うまくいかなかったら、積み立てた額を下回る金額しか受け取れないこともあり得ます。

また、公的年金はすべての国民が加入するものですが、iDeCoの加入は任意です。利用するかどうかは個人の自由で、強制されるものではありません。

iDeCoでは運用の利益が非課税になること以外にも、毎年の所得税や住民税を減らす効果があることから、**いわばおトクに老後資金を形成できる最強ツール。**加入者数は205万人を超えています（2021年6月時点）。

つみたてNISAは長期・分散・積み立て投資をサポートする制度

一方、つみたてNISAは、若い人の長期、積み立て、分散投資をサポートするため、2018年にスタートしたしくみです。

ＮＩＳＡは「小額投資非課税制度」の愛称で、本来であれば利益にかかるはずの税が非課税となるメリットがあります。**最長20年間、利益に課税されず、年間40万円まで最大８００万円を積み立て投資できます。**

また、投資できる対象は、長期の積み立て、分散投資に適した金融商品としての条件を満たし、金融庁に届出が行なわれた投資信託などに限定されています。このため、**投資未経験者でも商品を選びやすく、スタートしやすくなっています。**

利益に課税されない点はｉＤｅＣｏと一緒ですが、二つの制度は似ているようで違います。

では、それぞれの特徴をみていきましょう。

02

税金、換金性、積み立て額などで魅力が異なります

ｉＤｅＣｏとつみたてＮＩＳＡに共通する主な魅力は、「利益に税金がかからない」ことです。

通常、資産運用で得た利益には約20％課税されます。株式投資はもちろん、投資信託の利益や預金の微々たる利息にも税金はかかります。

しかし、ｉＤｅＣｏとつみたてＮＩＳＡでは、どれだけ利益が出ても非課税です。たとえば、１００万円の利益が出た場合、通常の課税口座では約20万円が税金として引かれてしまいますが、ｉＤｅＣｏやつみたてＮＩＳＡでは利益に税金がかかりません。

当然ながら、利益が大きくなればなるほど非課税のメリットも大きくなります。ただし、iDeCoの場合は、老後に受け取る際には、利益の額に関係なくすべての元本と利益が課税対象です。ただ、受け取る際にも税制優遇措置を受けられるので、実質的には非課税で受け取ることができるケースもあります。

iDeCoなら毎年の所得税と、さらに住民税も軽減！

iDeCoにはつみたてNISAにはないメリットがあります。最も大きなメリットは、**給与から天引きされて支払っている所得税と住民税を軽減できることです。**

会社員なら、もともと、お給料から一定の税率で所得税と住民税が天引きされますが、お給料の全額に対して税率が計算されているわけではありません。

次ページ図のように、厚生年金保険料や健康保険料といった社会保険料などの各種控除を差し引いた課税所得をもとに計算されています。

▶毎年受けられるiDeCoの節税効果

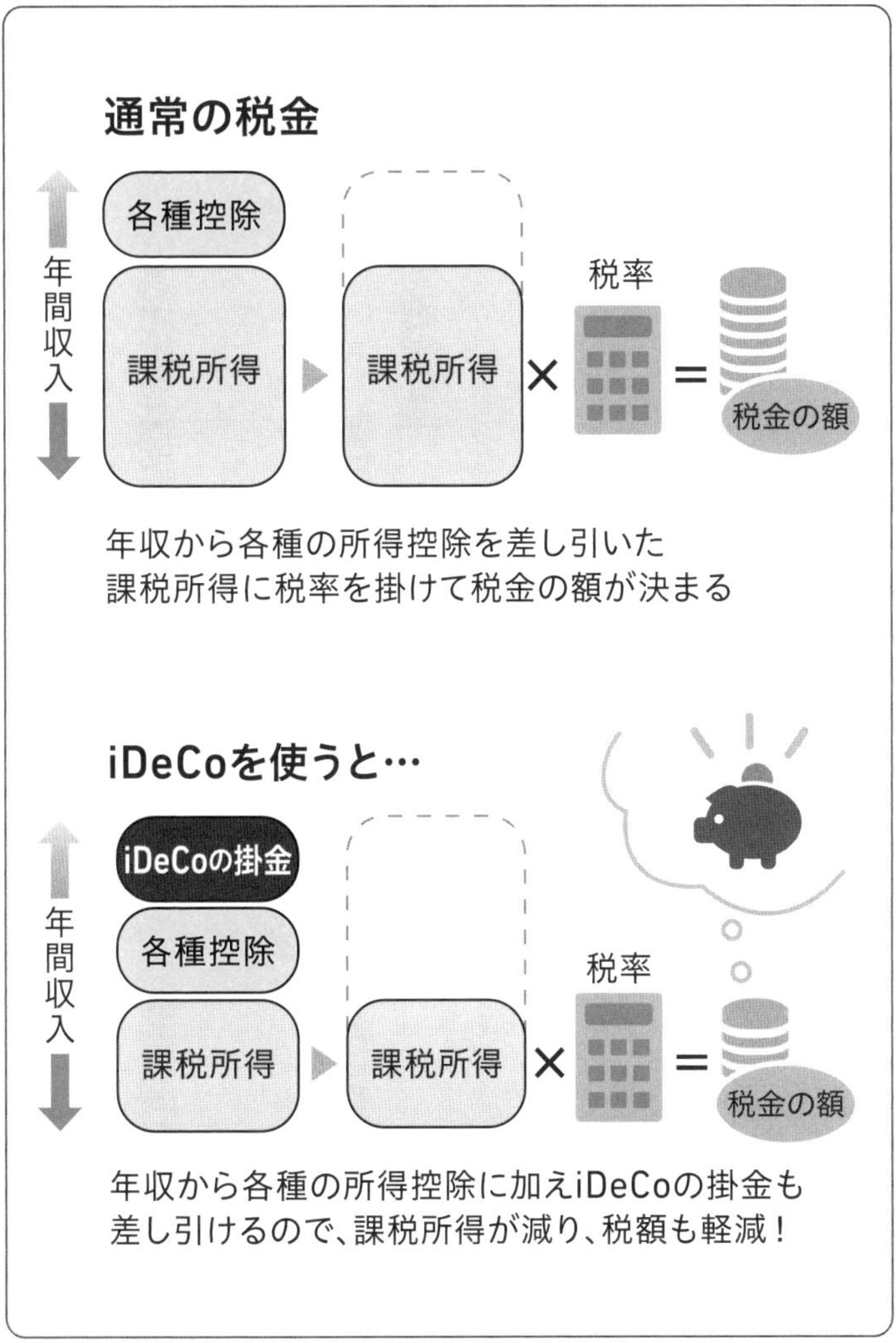

ｉＤｅＣｏに加入すると、積み立てたお金の全額を社会保険料と同じように年間収入から差し引けるのです。

税額を計算するモトとなる課税所得が少なくなるぶん、支払う税金が安くなります。もちろん個人事業主も所得税・住民税が安くなります。

利益が非課税となるメリットは、資産を売却して利益を受け取る段階になって初めて享受できますが、**ｉＤｅＣｏの所得控除のメリットはお金を積み立てている間、毎年受けられます。**

たとえば、年収が５００万円の人が毎月２万３０００円をｉＤｅＣｏに積み立てた場合、所得税と住民税合わせて年に５万５２００円も節税できます。これを30年継続すれば、約１６５万円以上も税負担が軽減されます。

所得税率は収入の額によって異なりますが、住民税率は一律10％。ごく単純に計算すると所得税率が最低の５％の人ならｉＤｅＣｏに積み立てたお金の15％、10％の人なら20％が返ってきます（他の控除は考慮せず）。

所得税は払い過ぎたぶんが年末調整で還付され、住民税は翌年の天引き額が軽減されます。

いつでも換金できるのが、つみたてNISAの魅力

所得控除はiDeCoだけのメリットですが、つみたてNISAにしかないメリットもあります。

つみたてNISAは最長20年間、利益に課税されずに積み立て投資を続けられますが、続けなければいけないわけではありません。**お金が必要になったときや、十分な利益が出ているときには、いつでも換金できます。**

ただ、運用する対象が、元本割れする可能性があるリスク資産である以上、お金が必要な時期に必ず利益が出ているとは限りません。このため、使う時期を動かせないお金を貯めるのには向いていません。

でも、いつでも換金したり、投資をやめたりできるのですから、始める際の心理的なハードルは低くなるでしょう。ちなみに、iDeCoは老後のための資金

形成が目的なので、途中でお金が必要になったとしても、原則として60歳になるまでは換金できません。

「意思が弱くて途中で使ってしまいそう」

そんな人には換金できないことがメリットにもなりますが、使い勝手の面ではマイナスポイントですね。

また、iDeCoは積み立てる金額を変更できるのは年1回ですが、**つみたてNISAは変更が自由です。**

「毎月の投資の金額が大きすぎるかも……」

「家計が苦しくなった!」

こんなときには、いつでも、何度でも積み立て額を変更できます。

老後の年金が少ない人ほど、たくさん積み立てられる

次に、iDeCoで毎月積み立てられる額です。それは次ページ図のように加

▶ iDeCoの掛金上限額をチェック

加入資格		掛金
自営業者（第1号被保険者）		月額6万8000円（年額81万6000円）
会社員 公務員（第2号被保険者）	会社に企業年金がない会社員	月額2万3000円（年額27万6000円）
	企業型DCに加入している会社員	月額2万円（年額24万円）
	DBのみに加入している会社員	月額1万2000円（年額14万4000円）
	DBと企業型DCに加入している会社員	月額1万2000円（年額14万4000円）
	公務員など	月額1万2000円（年額14万4000円）
専業主婦（夫）（第3号被保険者）		月額2万3000円（年額27万6000円）

DC：確定拠出年金　DB：確定給付企業年金、厚生年金基金　iDeCo公式サイトをもとに作成
企業型DC加入者は、iDeCoに加入できないケースもある　※2021年8月末現在

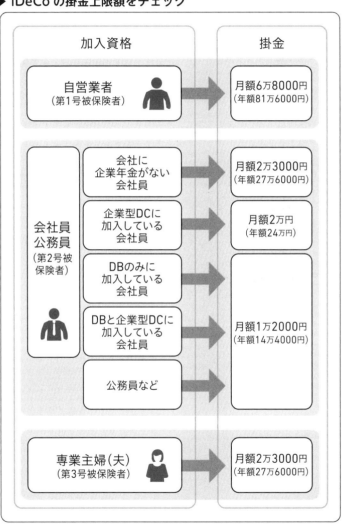

入している年金制度によって異なり、企業年金がない会社員と専業主婦（夫）などは月額にして2万3000円が上限です。

また、厚生年金に加入しない自営業者の上限は月額6万8000円と高額で、確定給付型の企業年金のある会社員や公務員は月額1万2000円が上限です。

これは、老後に受け取る公的年金が少ない自営業者は、自分自身でそれを補う老後資金を準備する必要性が高いからです。

あなたは毎月いくら投資できるか、最初の段階でチェックしておきましょう。

なお、2021年8月末現在、この限度額の見直しが議論されており、確定給付型の企業年金がある会社に勤める会社員の拠出限度額が引き上げられる可能性もあります。

確定拠出年金には「企業型」もある

・iDeCoは「個人型」の確定拠出年金の愛称ですが、**確定拠出年金には「企**

業型」（企業型DC）もあります。 決まった額を自分で運用する点では共通していますが、企業型DCは会社の退職金制度なので、原則、勤め先が掛金を負担してくれます。

iDeCoは加入者が勤め先の会社に紐《ひも》づけられますが、転職や退職などの際には持ち運ぶことが可能です。たとえば、iDeCo加入者が転職し、転職先に企業型DCがあれば、積み立てた資産を企業型DCに移すことができます。

また、企業型DCのある会社を退職して資格を失っても、iDeCoに加入すれば企業型DCで積み立てた資産を移して、さらに自分で積み立てを始めることも可能です。

ちなみに、つみたてNISAは勤務先や加入している年金制度に関係なく、だれでも同じように利用できます。転職や独立の際にも、そのまま続けられます。

03

iDeCoと、つみたてNISAの違いを整理してみました

iDeCoとつみたてNISAの違いを次ページのように整理してみました。順にみていきましょう。

①所得控除なら、iDeCo

どちらも利益に課税されずに積み立て投資ができますが、**所得税や住民税を軽減できる効果があるのはiDeCoです。**

②換金性なら、つみたてNISA

▶ iDeCo とつみたて NISA の違い

iDeCo		つみたてNISA
あり	所得控除（節税）	なし
あり	利益が非課税（節税）	あり
原則として60歳以降	換金と受け取り	いつでも可能
人によって異なる（月額1万2000～6万8000円）	投資できる額	40万円／年
65歳まで（会社員の場合）	投資できる期間	最大20年
金融機関が定める投資信託や定期預金など	投資できる商品	金融庁に届出された対象商品から金融機関が選択
商品間のスイッチングが何度でも可能	再投資	できない
必要	口座管理手数料	無料
5000円	積み立てできる下限額	100円（証券会社による）

→ 2022年10月から65歳に延長、自営業者など60歳で年金加入が終了する人は60歳まで。新規拠出はできないが、運用だけなら70歳まで続けられる。

iDeCoは原則60歳（会社員は2022年10月からは65歳）まで換金できないのに対し、**つみたてNISAはいつでも換金が可能です。**

③投資できる金額に上限がある

iDeCoはその人の加入する年金制度に応じて月の上限額が決まっているのに対し、**つみたてNISAはすべての人が年間40万円と決まっています。**

つみたてNISAは最長20年続けると、総額で800万円を投資できます。

④投資できる期間は、年齢によって決まる

iDeCoは積み立てできるのは65歳まで（2021年現在は60歳だが、2022年10月から厚生年金加入の会社員や国民年金の任意加入者は65歳に延長、60歳で公的年金加入期間が終わる人の場合は引き続き60歳まで）と決まっています。

同じ会社員であっても30歳の人はあと35年間続けられるのに対し、50歳の人は15年です。

一方、つみたてNISAは何歳で始めても、20年の範囲内であれば非課税で投資を続けることができます。

⑤投資できる商品は証券会社や銀行のサイトで要確認

iDeCoは決められた対象商品がなく、証券会社や銀行が独自に金融商品を選んで採用しています。つみたてNISAにはないタイプの投資信託もあるほか、定期預金や保険など元本割れしない金融商品も選べます。

証券会社や銀行によっては、本書でおすすめしているタイプの商品を扱っていないところもあるので、加入前に確認しておきましょう。

つみたてNISAは、金融庁が対象となる投資信託（約170本、2021年6月現在）を定めています。そこから、どの投資信託を扱うかは証券会社、銀行などが自由に決めています。

たくさんのラインナップをそろえるところもあれば、選択肢が数本しかないところもあります。対象となる投資信託は国内外の株式に投資する投資信託で、コストも安く、運用期間が無期限または20年以上といった条件を満たしています。

⑥再投資では、iDeCoのスイッチングを生かす

iDeCoでは「スイッチング」という商品の乗り換えが何度でも可能です。

Aの投資信託を売って、Bの投資信託を買ったり、さらにCに乗り換えたりすることができます。

ただし、売却して購入する手続きには1週間前後の時間がかかるので、短期的にタイミングを図って売買するような機動的な取引はできません。

一方、つみたてNISAは一度何らかの投信を買ってしまうと、その非課税枠は二度と使えなくなります。

「やっぱり別の投信に乗り換えたい」

そう考えたら、別の非課税枠を使うことになるわけです。20年間持ち続けても、1か月で売却しても、同じように非課税の枠を使うため、なるべく売却しないことを前提とする必要があります。

iDeCoは手数料がかかる。運営管理手数料が安いところを選ぼう

つみたてNISAは、どの証券会社や銀行を選んでも口座の維持手数料はありません。積み立てた投資信託から運用にかかる信託報酬が差し引かれるだけです。

ところが、iDeCoの場合はそれに加えて、口座を持っているだけで毎月の掛金から3種類の手数料が差し引かれます。

- **事務手数料　105円／月（年間1260円）　国民年金基金連合会に支払う**
- **資産管理手数料　66円／月（年間792円）信託銀行に支払う**
- **運営管理手数料　選ぶ証券会社や銀行によって異なり、無料の場合も**

事務手数料と資産管理手数料は、どの証券会社や銀行を選んでも同じように必要となるコストです。

一方、運営管理手数料は証券会社や銀行に支払う費用なので、選ぶ証券会社や銀行によって異なります。無料のところもあれば、年間で5000円以上かかるところもあります。

同じ証券会社や銀行でもプランによって手数料が異なったり、積み立てた資産が一定額以上になると安くなったりする場合もあります。

証券会社や銀行は、運用に関して特定の商品をすすめるようなアドバイスはできないことになっています。

なかには口座開設の方法や取り扱い商品の特徴などを窓口で説明してくれるところもありますが、原則、ネットやコールセンター、郵送などの方法で手続きを行ない、どの商品を選ぶかは自分で決めなければなりません。

ですから、**基本的には運営管理手数料が安いところを選ぶのが有利です。**

04

iDeCoと、つみたてNISA、結局どっちがいいの？

iDeCoと、つみたてNISAは、いずれも有利に積み立て投資ができるので、理想は二つの制度をともに上限額いっぱいまで活用することです。

しかし、そうなると毎月の収入からiDeCoに2万3000円（企業年金を持たない会社員の場合）、つみたてNISAには3万3300円と、合計5万6000円以上を積み立てていくことになります。

最初から、それはちょっと厳しいですよね。そこで、順番に始めてみましょう。

まずはｉＤｅＣｏ優先、都合がよくないなら、つみたてＮＩＳＡを優先

「上限額まではムリ！」というとき、基本的には非課税メリットだけでなく所得控除も受けられるｉＤｅＣｏのほうが有利なので、**まずはｉＤｅＣｏの枠を優先して使います。そのうえで、可能な限りつみたてＮＩＳＡを上積みします。**

しかし、ｉＤｅＣｏでは都合がよくない場合やｉＤｅＣｏのメリットがあまり受けられない場合には、つみたてＮＩＳＡを優先することも検討します。具体的には、次のような場合です。

①現役時代に使うお金を優先して形成したい

ｉＤｅＣｏは原則60歳にならないと換金できないので、老後を待たずに使う必要があるお金、たとえば、**子どもの大学進学費用やマイホームの頭金などが目的の場合は、つみたてＮＩＳＡを優先します。**

積み立て投資の成功率を高めるには長期で、少なくとも10年以上は使わなくて

もよいお金を充てていく必要がありますが、この条件を満たせば、目的は老後資金である必要はありません。

②iDeCoの所得控除のメリットをあまり受けられない

たとえば住宅ローンを組んでいて、すでに住宅ローン控除を受けている人の場合、実質的に所得税や住民税をほとんど払っていないケースがあります。

所得税と住民税をまったく払っていない場合は、払っていない税金は軽減してもらえないので、iDeCoの所得控除のメリットは受けられません。

所得税はゼロでも住民税が課税されている場合は、住民税を減らす効果はあります。ただ、住宅ローン控除を受けていないときに比べると節税効果は小さくなってしまいます。

また、**iDeCoは口座を持っているだけで手数料がかかる点も、デメリットです。**

そこで、所得控除がほとんど受けられない期間はつみたてNISAを優先し、住宅ローン控除を受けられる期間が終わったらｉＤｅＣｏ口座を開設して積み立て先を変更するか、追加で積み立てる手もあります。

③積み立てに回せる額が少ない場合

積み立てできる下限額は、ｉＤｅＣｏが５０００円であるのに対し、つみたてＮＩＳＡは１００円です（大手ネット証券の場合）。

投資が不安だという人は、最初からムリに積み立てる額を大きくする必要はなく、数千円や数百円でもかまいません。

５０００円以下で始めたい場合は、つみたてＮＩＳＡを活用しましょう。

05

知っておきたい！ちょっとオイシイ使い方

iDeCoとつみたてNISA、いろいろな使い方があり、損得もあります。ここでは、その判断のヒントをみておきましょう。

専業主婦(夫)はiDeCoに加入すべき？

「iDeCoの所得控除のメリットを受けられない」

こういうパターンで最も多いのは、公的年金の第3号被保険者である専業主婦（夫）です。もともと所得税と住民税を支払っていない専業主婦（夫）は、これらの税金を軽減するiDeCoのメリットを受けられないからです。

税の軽減効果は本人が払う税金のみで、パートナーの税金を減らす効果はありません。しかも、iDeCoには各種の手数料がかかるので、専業主婦（夫）で目先の損得を優先するならつみたてNISAが向いています。

それでも、iDeCoに加入するメリットもあります。第3号被保険者の老後の年金は老齢基礎年金のみで、現状では年額78万900円（2021年度満額）です。

会社員として働いていたときの厚生年金が上乗せされたり、パートナーの年金と合わせたりして考えれば足りないわけではありませんが、専業主婦（夫）だと自分名義の年金が少ないことに不安を覚える人もいます。

でも、**iDeCoであれば、専業主婦（夫）でも自分名義の年金を増やすことができます。**しかも、万一、離婚という事態になったときも、財産分与の対象にはなりません。

運用の利益にかかる税金はもちろん非課税ですし、受け取り時も非課税になるケースがあります。

自分名義の資産を形成できる心理的なメリットは小さくないので、こうしたことを総合的に検討して判断しましょう。

夫婦で口座を分担する方法もアリ

iDeCoの手数料は掛金の額にかかわらず固定でかかるので、あまり少ない掛金で始めると、手数料のインパクトが大きくなりすぎてしまいます。

特に制度上、掛けられる上限額の少ない人（会社員や公務員、専業主婦〈夫〉）は、なるべく上限まで掛けられるよう工夫しましょう。

夫婦であれば、二人で口座を分ける方法もあります。

たとえば、企業年金のない会社に勤める夫が2万円、妻のあなたが5000円を積み立てられる場合、それぞれがiDeCo口座を開設するのはコスト面で損です。

この場合、夫のiDeCoに2万3000円の上限まで掛けて、あなたはつみたてNISAで2000円を積み立てるほうがiDeCoの手数料は節約できます。

積み立てられる額が少額のうちは分けてしまったほうがシンプルです。家計に余裕が出てきたら、あなたの積み立て額を増やし、5000円以上安定して積み立てられるようになったら、あなたもiDeCo口座を開設しましょう。

iDeCoの掛金を変更するのは少し面倒で、年1回に限られますが、つみたてNISAはネットで簡単に変更できます。iDeCoで安定した積み立てができるようになるまでは、つみたてNISAで調節していくと便利です。

ちなみにiDeCoでは、収入が多いほうが所得控除の効果が大きくなります。

そこで、掛金上限が同じであれば、夫婦のうち収入が多いほうを優先してiDeCoを始めるとトクです。

ボーナスも上手に活用する

「月々の収入には余裕がないけど、ボーナス時なら余裕ができる」

そんな場合は、ボーナス月に積み立て額を増やす設定にするのもおすすめです。つみたてＮＩＳＡでは、多くの証券会社や銀行がボーナス月の増額に対応しています。

また、つみたてＮＩＳＡの年間40万円という上限枠は12か月で割り切れないので、**ムダなく上限まで積み立てられるようボーナス月で調整する。**これも、おすすめです。

ｉＤｅＣｏでもボーナス月に積み立て額を増やす設定はできますが、事前に支払額の計画書の提出が求められるなど手続きが面倒です。額を増減するにも、そのつど届け出る必要があります。

そうした面倒を避けるには、ｉＤｅＣｏは毎月均等に上限額に設定して、ボーナス月の増額や積み立て額の変更はつみたてNISAで行なうのが現実的です。

先取り投資なら、だれでも「貯め体質」に！

ムダづかいが多い人は、給料日の翌日に引き落とすようにして積み立て投資を設定し、多少強引にでも始めてしまうのがおすすめです。「余ったら投資」ではなく「まず投資」をして、余ったお金で生活するのです。

これを先取り投資といいます。最初の数か月はお金が足りなくてキツく感じるかもしれません。でも、次第に慣れてきます。これを続けていけば、だれでも「貯め体質」になれるのです。

iDeCoの場合は、毎月26日（休日の場合は翌営業日）に引き落とされるので、20日とか25日が給料日の人は、この効果が期待できます。

つみたてNISAは引落日を自由に決められる証券や銀行が多いので、給料日の翌日に設定しましょう。

06

がんばって、お金をねん出した人ほどトクをする

「積み立てを始めたいけれど、お金が余る月と余らない月がある」

「赤字の月が多くて、積み立てるお金をねん出できない」

若いうちなら、こういう人もいるはずです。

そんな、ちょっと毎月の積み立てがキビシイ人は、まず毎月何にいくらぐらい使っているか、ざっくり把握してみましょう。

メモ程度でかまいません。月々の出費の内訳を書き出してみるのです。

「内訳なんて、わからない」

そういう人も1か月だけでいいので、レシートをすべて保存し、書き出してみ

ましょう。

毎月赤字でも、積み立て額をねん出する方法

こうした作業をやってみると、意外と買わなくてもいいものを買っていることに気がつくはず。「安かったから」とか「ついでに」などと、よく考えたらあまり必要のないものを買っているかもしれません。

ホントに何に使っているか、考えても思い出せないような出費は、重要な出費じゃない！ と割り切り、そういう出費をしないように心がけます。

なお、ムダづかいはほとんどないのに、積み立てるお金がねん出できない人もいます。

こうした人は、毎月、固定的に出ていく出費を見直してみましょう。**まず、携帯料金を格安プランや格安ＳＩＭに変更したり、生命保険をかけすぎていないかチェックします。**

たとえば、独身であればまず死亡保険は必要ありません。付き合いで加入している保険は思い切って解約します。

また、掛け捨てでない貯蓄性の保険に入っている人も、シンプルで保険料が安い掛け捨て保険への見直しを検討します。

「万一の備えは保険で、資産運用は積み立て投資で」と明確に使途《しと》（使いみち）を分けるほうがコストも安く、資金もずっと増やしやすくなります。

貯蓄性保険には、途中解約するとそれまで払い込んだ額が元本割れする商品もあります。

でも、それほど増えない保険に将来もお金を積み立て続けるメリットがあるかどうか、よく考えてみてください。

元本割れは「勉強代」と割り切って解約するのも手です。

また、スポーツジムや動画・音楽配信など毎月利用料を払い続けているサービスで、あまり利用しなくなっているものも解約を検討します。

たとえ、ねん出できるお金が少なくても、つみたてNISAなら100円からできます。お金のねん出に汲々《きゅうきゅう》としすぎないで、まずは始めてみることも大事ですね。

生活費の3か月分、生活防衛資金の用意を忘れずに！

豊かな老後をめざす積み立て投資にやる気マンマンになっている人も、始める前にぜひ確認しておきたいことがあります。それは、**生活防衛資金が用意できているかどうかです。**

生活防衛資金は、文字どおり生活を守るためのお金。生きていれば、何があるかわかりません。突然、病気になって働けなくなったり、自分は元気でも家族が寝込んでしまうこともあり得ます。

そんなときでもあわてなくて済むように、**生活費の3か月分程度はいつでもおろせる預貯金を用意しておく必要があります。**

銀行口座でも積み立て投資のように、毎月自動で引き落として別口座に貯めていく「積み立て定期預金」（銀行によって名称は異なります）といったサービスがあります。

生活防衛資金ができていない人は、積み立て預金を使った「先取り貯蓄」で用意しましょう。

また、ｉＤｅＣｏは60歳までは引き出すことはできず、つみたてＮＩＳＡは相場が悪く含み損が出ているタイミングで換金してしまうと、なんのために投資をしているかわからなくなってしまいます。

こうした場合にも生活防衛資金は有効で、その資金を利用してしのげば、積み立ての資産を取り崩さずに必要なお金を用意できます。

07

iDeCoとつみたてNISAに“弱点”ってあるの？

iDeCoもつみたてNISAも、公的年金の不足分を若いころから自助努力で補う有利な制度ですが、弱点がないわけではありません。

企業型DC（企業型確定拠出年金）では、自分で口座を選べない

まずiDeCoでは、制度そのものがメリットである反面、さまざまな制約もあるので、デメリット・弱点と考えることもできます。

具体的には、「加入年齢が60歳未満と決まっている」ことは、50代など年齢の高い人にはデメリットですし、「原則60歳まで引き出せない」こともデメリットといえないわけではありません。

掛金の限度額が決まっていることも、できるだけ大きな投資をしたいという人には不足ですし、手数料がかかるのもイタいところです。

また、iDeCoでは、iDeCoを取り扱う証券会社や銀行から加入者が自由に選んで口座を開設できますが、**企業型DCでは勤め先が選択した証券会社や銀行の口座を使うので選ぶことができません。**

本書で紹介する長期分散投資では、基本は低コストのインデックス投信の利用をおすすめしています。

ですが、約20年前、DC制度が始まった当初からある企業型DCでは、信託報酬がいまよりも高かったころの投資信託にラインナップが偏《かたよ》っているケースもあるようです。

コストが高く、あまり運用成績もよくないアクティブ投信（独自の分析・選定で運用成果を上げることをめざす投信）が中心だったり、高い水準の信託報酬のものが残っているケースもあります。

ところが、インデックス投信（第6章で解説）はリーマンショック以降に各社が競ってコストを引き下げ、安いコストで運用できるようになりました。

一方、引き下げ競争が始まるずっと前に設定された古い投資信託も利用者がいればラインナップからはずすことがむずかしいのが現状です。

勤務先が提携する金融機関の投信のラインナップに満足できないときは、**許容できる投信を探して、企業型DCの外で別の対象に投資し、分散投資を行なうことも検討します。**

NISAの損益は〝あわせワザ〟が通用しない

つみたてNISAをはじめ、NISAにもデメリットがあります。**他の投資との損益通算や翌年以降の損失の繰越控除ができないことが大きな弱点です。**

つまり、他の投資の損益とお互いに消し合うことができず、翌年に損を持ち越して利益が出たときに税金を安くすることもできないということです。

ＮＩＳＡではない課税口座では、ある投資で損が出て別の投資で利益が出ているような場合はそれを相殺《そうさい》できます（複数の証券会社を使っている場合は、確定申告が必要です）。

すると、損失のほうが大きい場合は、課税所得がマイナスになってしまい、課税されません。

また、ＮＩＳＡではない課税口座では、その年に、最終的に損失が出てしまったら、確定申告することでその損失を翌年以降に繰り越すことができます。翌年の投資で利益が出たら、繰り越した損失を差し引いて、税額を減らせます。

ところが、**ＮＩＳＡの場合、もともと利益に課税されないので、損益通算も損失の繰越控除もありません。**最終的に損失を出してしまった場合のデメリットですが、すべてのＮＩＳＡ制度（１４３ページ）でも同様です。

08

2024年にNISAのしくみが一新！

NISAには、つみたてNISA以外に一般NISA、ジュニアNISAという制度があります。このうち一般NISAについては、**2024年に「新・NISA」に生まれ変わります。**

新・NISAは2階建ての構造で、原則として、まず1階部分で年間20万円の積み立て投資を行ない、そのうえで2階部分で年102万円を上限とした個別株の投資が可能になります。

1階と2階で扱いが異なる

▶ 2024年から始まる２階建ての「新・NISA」

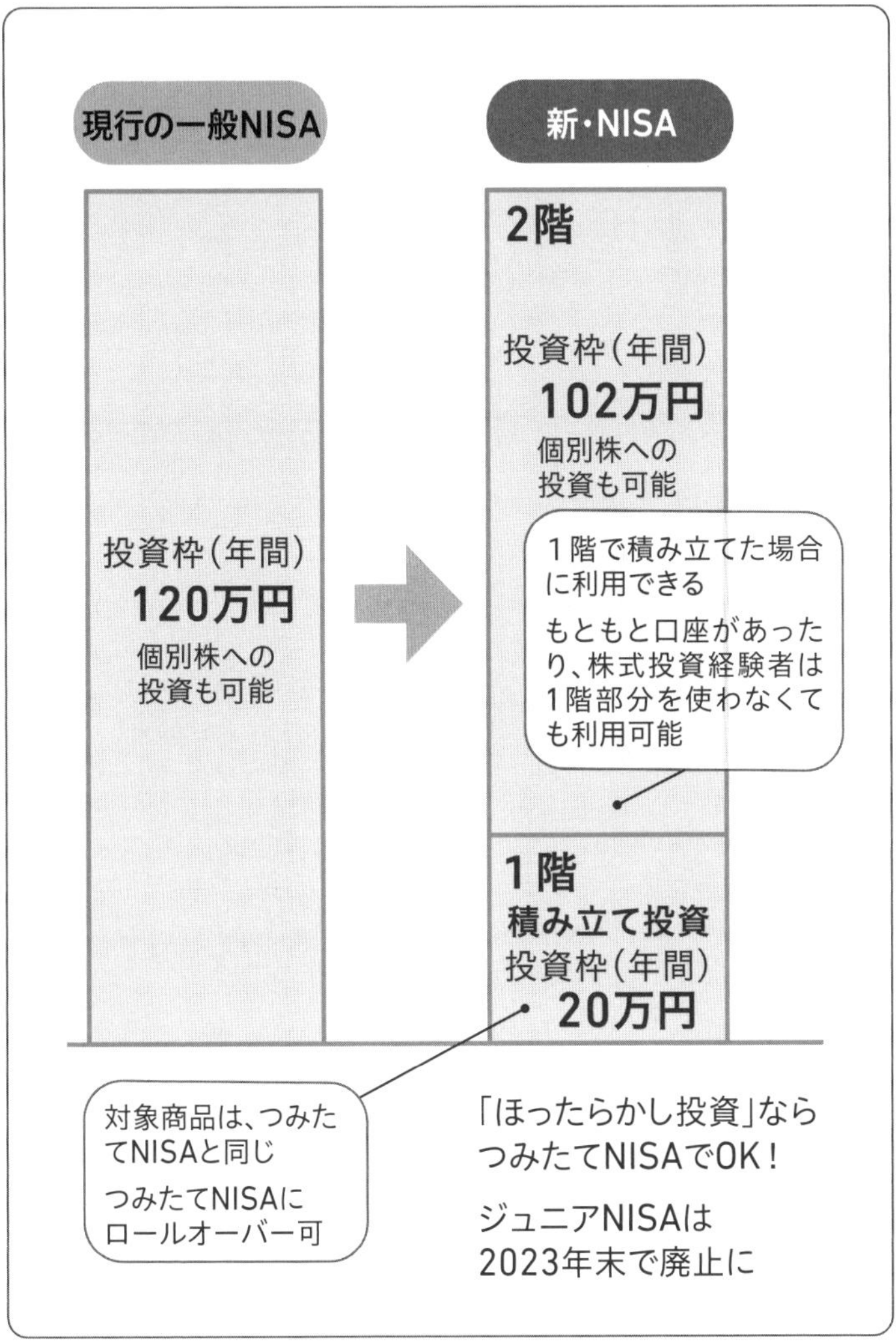
現行の一般NISA
投資枠（年間）
120万円
個別株への
投資も可能
新・NISA
2階
投資枠（年間）
102万円
個別株への
投資も可能
1階で積み立てた場合
に利用できる
もともと口座があったり、株式投資経験者は
1階部分を使わなくても利用可能
1階
積み立て投資
投資枠（年間）
20万円
対象商品は、つみたてNISAと同じ
つみたてNISAに
ロールオーバー可
「ほったらかし投資」なら
つみたてNISAでOK！
ジュニアNISAは
2023年末で廃止に

この1階部分と2階部分ではどう扱いが異なるか、前ページの図に示しました。すでに投資経験のある人はそのことを届け出れば1階部分の積み立て投資は免除されますが、その場合に投資できるのは個別株のみです。

2階部分で投資信託のほか、日経平均株価やTOPIX《トピックス》（東証株価指数）などに連動するように運用されているETF《イーティーエフ》（上場投資信託）などに投資をしたい場合は、1階部分も使う必要があります。

新・NISAの非課税期間は5年間ですが、積み立ての1階部分は5年経過後につみたてNISAにロールオーバーできます。

このため、5年経過後に積み立ての1階部分をつみたてNISAにロールオーバーし、新・NISAからつみたてNISAに変更することで、最大25年間積み立て投資ができることになります。

新・NISAの積み立て投資（1階部分）の枠は年間20万円と少ないので、それ以上投資できる人は最初からつみたてNISAを利用するほうが有利です。

一方、「当初の5年間はわずかしか投資できないが、なるべく長く投資を続けたい」という人では、こうした方法を選択する手もあります。

ジュニアNISAは2023年末で廃止に

2016年度からスタートした未成年の子どものための少額投資非課税制度であるジュニアNISA（未成年者少額投資非課税制度）は、2023年末で廃止され、**2024年以降は新規の口座開設ができなくなります。**

ただし、2023年までに口座を開設して投資したぶんは、子どもが18歳になるまで非課税での運用を続けることができます。

2023年までに生まれた子の口座を開設して、毎年80万円が新規投資額の上限ですが、長期で成長が期待できそうな対象に投資しておき、18歳までじっくり値上がりを待つという投資が可能です。それだけの時間があれば、10倍、20倍になる商品もあるでしょうから、なかなか夢のある活用法です。

なお、ジュニアNISAは原則として本人が18歳になるまで引き出しできない口座でしたが、**廃止が決まったことで2024年以降はいつでも換金できます。**

ほったらかし投資は、まず、つみたてNISAで！

新しいNISAはしくみが複雑で、全部を理解するのがむずかしいところが難点です。

結局、非課税制度が複数あっても、長期、積み立て、分散による、ほとんど何も手をかけない、**「ほったらかし投資」を実践するには、今あるシンプルなつみたてNISAを使って、なるべく早くスタートするのがいちばんです。**

つみたてNISAも以前は、積み立てできる期間が2037年まででしたが、**2042年まで延長されました。**つまり、**2023年までは、いつ始めても、必ず20年は非課税投資ができるようになっています。**

COLUMN

使い勝手は？ 2023年末までの〝NISAファミリー〟

前述したように、投資の利益が非課税となるNISAには、「つみたてNISA」以外にも、個別株にも投資ができる「一般NISA」と、未成年向けの「ジュニアNISA」があります。これら2023年までの現行NISA制度のしくみを押さえておきましょう。

2024年に新・NISAに移行する一般NISAは比較的自由な投資が認められ、投資枠は年間で120万円。つみたてNISAの3倍もあり、個別株、ETF、REITのほか外国株にも投資できます。

つみたてNISAは投資初心者が主なターゲットです。一方、一般NISAは個別株を短期的に取引する中上級者が、非課税メリットをねらって短期取引で活用するパターンも多くみられます。

一般NISAの非課税期間は原則5年間。ただし、保有している金融商品を翌年のNISA非課税投資枠へ移すことで、再度5年間非課税で運用できるロールオーバーというしくみを使えば、最長10年まで延長できます。

また、この範囲内で、積み立て投資をすることも可能です。

2023年末で廃止となるジュニアNISAは未成年向けのNISAで、0歳から19歳が対象です。主に子どもの進学費用などの準備を目的につくられた制度で、口座は子ども名義ですが、運用と管理は保護者が行ないます。

非課税枠は年間80万円。積み立て投資はもちろん、一般NISAと同じように個別株も購入できます。

つみたてNISAを含めたこれら三つのNISAのしくみは併用できず、一人あたり一つのしくみを選んで使います。途中で変更は可能ですが、年の途中では変更できず、年末までに変更の手続きをして、翌年から変更されます。

家族で異なるしくみを利用するのは問題なく、たとえば夫は一般NISA、妻はつみたてNISA、子どもはジュニアNISAという活用も可能です。

第4章

あなたも、きっとうまくいく！「iDeCo」「つみたてNISA」の始め方

01

積み立て投資は証券会社や銀行選びがすべて

ここまで読んでくださった読者の皆さんは長期・分散の積み立て投資と、iDeCo《イデコ》、つみたてNISA《ニーサ》といった有利な制度の基礎知識はマスターできたはず。あとは、とにかく実践あるのみ！　ですね。

iDeCoやつみたてNISAは、ほったらかしが最適かもしれない〝ズボラさん〟向け投資ですから、大事なのはそれが可能な証券会社や銀行を選ぶことです。さっそく口座を開設して、積み立て投資を始めましょう。

iDeCoは商品ラインナップと手数料をチェック

証券会社や銀行選びの第一のポイントは、投資したい投資信託を扱っているかどうかです。

iDeCoでは2023年末までに、一つの証券会社や銀行が扱う商品は、上限が35本になります。大手だからといって無限の選択肢があるわけではありません。

たくさんの商品を取り扱っていた証券会社や銀行は、今は絞り込みの最中です。

しかも、つみたてNISAのように対象商品が指定されているわけではなく、証券会社や銀行が自由に選んでいるので、ラインナップはそれぞれの金融機関の独自性が強くなる傾向にあります。

第二のポイントは、口座管理手数料です。このコストは証券会社や銀行、生保によって異なり、**無料のところから年間数千円のところまであります。**

このコストは60歳あるいは65歳まで払い続けることになるので安いに越したこ

とはありません。

ｉＤｅＣｏを扱っている証券会社や銀行、生保の一覧は、ｉＤｅＣｏ公式サイト（https://www.ideco-koushiki.jp）で確認できます。公式サイトはコスト比較もできて便利です。ぜひ確認しておきましょう。

具体的な商品選びについては第５章以降で解説していますが、決めきれないという人は、大手ネット証券のどこかにしておけば、大きな失敗はありません。

特に、**SBI証券、楽天証券、マネックス証券**の大手３社は長い間、競争関係にあるので、どこかがサービスを改善すれば他社も追随し、結局、ビギナーの投資家にとってはサービス面に大きな差はなくなっています。

３社に比べると規模はやや劣りますが、**ネット証券の松井証券も候補です。**４社とも取扱い商品が充実し、口座管理手数料も無料です。

ｉＤｅＣｏは取扱い商品数に上限があるため各社とも選択肢は多くはありませんが、４社とも主要な資産クラスに投資するインデックスファンド（株価指数などの指標に連動した運用をめざす投資信託）はそろっています。

▶初心者向け！　主なネット証券「積み立て投資」比較

		iDeCo	つみたてNISA
		大手３社(SBI証券、楽天証券、マネックス証券)は競争関係にあり、サービスは平準化。松井証券はほったらかし投資に向く商品が充実	どの証券会社を選んでも口座管理手数料はかからない
SBI証券	積み立て投資の口座開設数が最多	低コストのインデックスファンドからアクティブファンドまで品揃えが充実	三井住友カード発行するクレジットカードで“ポイ活”ができる。つみたてNISAで選べる投資信託の本数は170本超
楽天証券	業界屈指の高機能ツールを持つ	４資産均等・８資産均等のインデックスファンドがない	“ポイ活”するなら、楽天カードで、おトクに。つみたてNISAで取り扱う投資信託の本数は170本超
マネックス証券	オンラインセミナーが充実、独自の資産設計アドバイスツールを持つ	誰でも、いつまでも運営管理手数料が無料	年率0.08％のマネックスポイントがもらえる。マネックスカードの今後に期待
松井証券	情報ツール、ロボアドバイザーなどお客様サポートが充実	低コスト・インデックスファンド・シリーズが充実	つみたてNISA対象の投資信託は170本

第5章で紹介する、**低コスト・インデックスファンド・シリーズの扱いが最も充実しているのは松井証券です。**

なお、1本で分散投資ができるバランス型投信について、楽天証券はシンプルな4資産均等や8資産均等のインデックスファンドの取り扱いがありません。**シンプルなバランス型投信で投資したい人は、松井証券、SBI証券とマネックス証券がよさそうです。**

つみたてNISAは大手ネット証券から選ぶ

つみたてNISAは大手ネット証券のラインナップが充実しています。

普段使っている銀行でも悪くはないのですが、取扱商品が極端に少ないことがあります。たとえば、みずほ銀行と三井住友銀行は、2021年8月時点で3商品のみです。

また、iDeCoと違って、どの証券会社を選んでも口座管理手数料などはかからないので、気にする必要はありません。

つみたてNISAで〝ポイ活〟するなら楽天証券

iDeCoは銀行口座の引き落としのみの対応ですが、つみたてNISAはクレジットカード払いにも対応している証券会社があるので、持っているクレジットカードで選ぶのもアリです。

たとえば楽天証券であれば、楽天カードでつみたてNISAの積み立てができ、1%のポイントが還元されます。つみたてNISAの年間40万円の枠をフル活用すれば、年間で4000円分のポイントがつく。**〝ポイ活〟もでき、とてもおトクです。**

また、三井住友カードが発行するクレジットカードを利用している人は、SBI証券がいいでしょう。同様に対象のカードで積み立てができ、ポイントが還元されます。ただ、還元率は0・5%と楽天に比べれば劣ります。

マネックス証券は本書執筆時点ではこうしたサービスがないのですが、２０２１年５月からマネックスカードというクレジットカードの申し込みを受け付けており、このカードで投信の積み立てができるようになるとしています。

後発なので、もしかすると今後有利な還元率を設定したり、お得なキャンペーンを実施してくれるかもしれません。

こういったサービスは今後変更される可能性もあるので、無理なく選択できるなら活用する、といったスタンスで取り組むといいでしょう。

本書執筆時点の結論としては、**ｉＤｅＣｏは松井証券、大手がいいという人はＳＢＩ証券かマネックス証券はいかがでしょうか。そして、つみたてＮＩＳＡは楽天証券で楽天カードを使って積み立てるのがおトクです。**

ｉＤｅＣｏとつみたてＮＩＳＡはそれぞれ別に口座の開設手続きをするので、**異なる証券会社を選んでもかまいません。**

02

六つのステップでiDeCoを始めましょう

さて、iDeCoの口座を開設してみましょう。大手ネット証券では、共通する部分は同じ。次ページ図のようにステップを踏めば、口座開設の完了です。

加入資格の確認から、投資商品の選択まで、勤め先の証明書も

STEP 1 加入資格と掛金上限額を確認する

iDeCoは109ページの図にみるように社会保険上の区分によって加入資格や投資できる限度額が異なります。

▶6ステップで、iDeCoを始めよう

STEP 1
加入資格と
掛金上限額を確認

STEP 2
投資したい
商品を決定

STEP 3
ネット証券をどこかに決め、
必要書類を請求

STEP 4
勤め先から
「事業主の証明書」を入手
（会社員の場合）

STEP 5
ネット証券に
申し込む

STEP 6
投資する
商品を
選択する

※自営業者・主婦など会社員以外は、
STEP4は不要

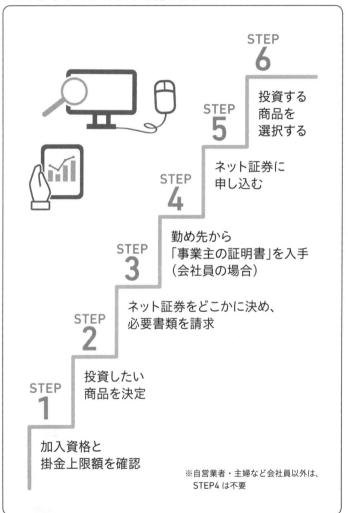

現在、現役世代は原則iDeCoに加入できますが、勤め先に企業型DC（企業型拠出年金）がある会社員の場合、すぐには加入できない可能性があります。企業型DCを実施する会社に勤める人がiDeCoに加入するには、会社と社員の間の規約を変更する必要があり、それに対応できていないところも多いからです。

まずは、勤務先の総務などにiDeCoに加入できるかどうか確認する必要があります。

iDeCoに加入できない勤め先だった場合も、あきらめなくても大丈夫。法改正により、**2022年10月からはこうした要件が廃止され、本人の意志だけでiDeCoに加入できるようになります。**

なお、月あたりの掛金には上限があり、会社が拠出する掛金に加えて、加入者が掛金を上乗せするマッチング拠出との併用はできません。

STEP 2 投資したい商品を決める

本書で紹介しているポートフォリオを参考にして、あなたはどのようなポートフォリオを組むかをざっくりとでよいので決めましょう。そのうえで、どんなインデックスに連動する商品が必要かをリストアップします。

STEP 3 どのネット証券にするかを決めて、必要書類を請求する

大手ネット証券のウェブサイトでは、iDeCo口座で取り扱っている金融商品の一覧を確認できます。投資したい商品があるか、口座管理手数料などをチェックして決定します。

その証券会社に、口座開設の必要書類を請求する際は、**電話のほかウェブでもできます。**必要書類の請求のほか、申し込みもウェブを通してできるところがほとんどです。

なお、必要書類は加入資格などによって異なります。「厚生年金に加入している民間企業に勤める会社員（国民年金の第2号被保険者）の場合は、

・個人型年金加入申出書（第2号被保険者用）
・預金口座振替依頼書兼自動払込利用申込書
・加入者掛金配分設定届
・事業所登録申請書兼第2号加入者に係る事業主の証明書
・確認書
・運転免許証、健康保険証、個人番号カードなどの本人確認書類

などです。

STEP 4 **勤め先に「事業主の証明書」をもらう**

会社員と公務員は、勤め先の人事などに**「事業主の証明書」を記入してもらう必要があります。**ウェブ申し込みの場合、証明書用紙はダウンロードできます。

STEP 5 **ネット証券に申し込む**

基礎年金番号（年金手帳に記載されています）と事業主の証明書を用意し、必要

書類に記入して返送するか、**証券会社や銀行のウェブサイトにアップロードします。**毎月の掛金額や引落しの預金口座もここで設定します。この時点で投資する商品の配分を指定する場合もあります。

証券会社や銀行に口座を持っていない場合は、運転免許証など本人確認書類も必要です。

STEP 6 投資する商品を選択する

口座開設が完了すると、その旨を知らせる通知書と専用ウェブサイトのＩＤやパスワード設定の案内が届きます。**案内に従ってログインし、投資する商品と配分を指定します。**

このプロセスを怠《おこた》ると大手ネット証券が指定するデフォルト商品に全額投資されることになるので、忘れず行ないましょう。

03

三つのステップ+アルファで、つみたてNISAを始めましょう

では、次につみたてNISAの口座開設です。どのネット証券でも三つのステップと課税口座の選択は共通しています。

つみたてNISAの3ステップ。一般NISA口座もあるので注意

STEP 1 投資したい商品を決める

証券会社や銀行によって扱っている投資信託のラインナップが異なるので、**先に投資したい金融商品を絞り込んでおきます。**

STEP 2 金融機関を決め、口座開設の申し込みをする

金融機関を選んでつみたてNISA口座の開設申し込みをします。郵送や窓口に行かなくても、ネット証券であればオンラインでも可能です。つみたてNISA以外に、**一般NISA口座もあり、どちらかを選択する必要があるので間違えないよう注意しましょう。**

その証券会社や銀行とこれまでまったく取引がない場合は、**まず総合取引口座を開設してからつみたてNISA口座を開設するという流れになります。**その際には運転免許証、健康保険証などの本人確認書類やマイナンバーが必要です。

STEP 3 投資する投資信託と金額、積み立てタイミングを指定する

口座開設が完了したらウェブサイトにログインし、投資信託と金額、毎月の積立日を設定します。上限額の範囲で商品はいくつでも選べます。

つみたてNISAでは「課税口座」の選択が必要

つみたてNISAの口座を開設するには、**まず、その証券会社の総合口座（銀行であれば投資信託口座）を開設する必要があります。**

総合口座には、「特定口座（源泉徴収あり）」「特定口座（源泉徴収なし）」「一般口座」の3種類があり、いずれかを選択することを求められます。多くの人がここで、どれを選べばいいか迷います。

三つの口座の違いは、利益が出た場合の税金の計算と納税方法です。

一般口座では、自分で年間の損益とそれに対する税額を計算して確定申告し、納税しなければいけません。ですから、特別な理由がない限りやめておいたほうがいいでしょう。

特定口座では、証券会社や銀行が年間の損益と税額を計算し、「年間取引報告書」にまとめてくれます。**「源泉徴収あり」と「源泉徴収なし」の2パターンがあります。**

「源泉徴収あり」では利益から税額を源泉徴収して投資家の代わりに納税してくれます。納税について、あなたは何もしなくてＯＫです。「源泉徴収なし」の場合は、証券会社や銀行が計算してくれた税額を自分で申告して納税します。

基本的には「源泉徴収あり」を選択しておけば、申告について投資家は何もしなくてよいのでラクです。

つみたてＮＩＳＡでだけ投資するぶんには税金は関係ありませんが、非課税期間の終了時に換金しない場合は選択した課税口座に資金が移されます。

また、将来、投資への興味が広がって別の投資にトライしたくなることもあり得ます。つみたてＮＩＳＡと課税口座を併用する方法を選択する場合も考えられます。

そのため、**特別な理由がなければ「源泉徴収ありの特定口座」を選択しておくのが無難です。**

▶つみたてNISAの課税口座の違い

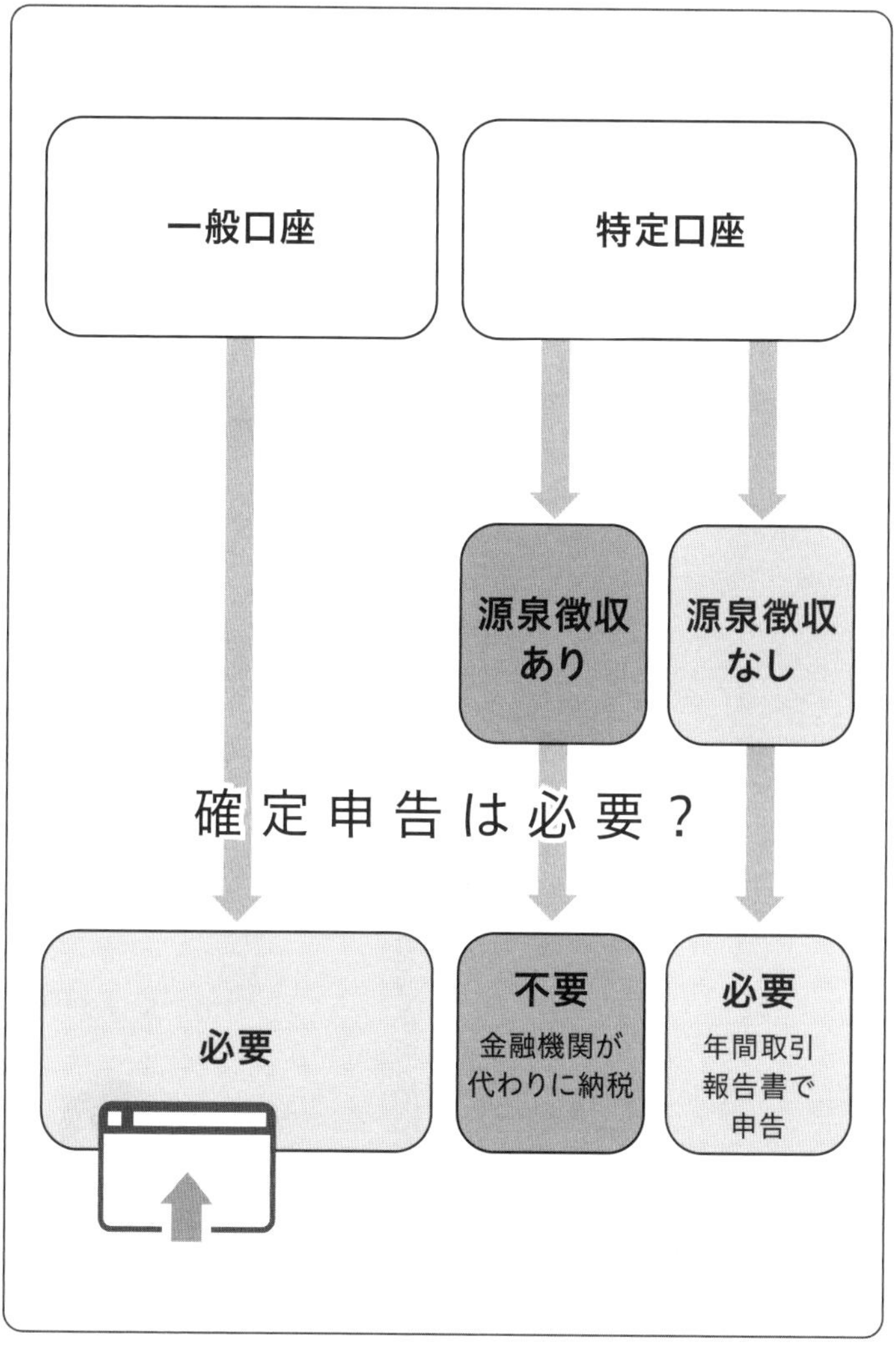

04

ポートフォリオはあなたの投資の羅針盤

ポートフォリオとは、どの資産にどういう割合でどう投資するか配分することです。

私たちの年金を運用するＧＰＩＦは、次ページ図のように日本の債券と株式、外国（先進国）の債券と株式に４分の１ずつの配分を基本ポートフォリオとしています。

日本債券とは、日本国内の国や地方自治体などが日本国内で円建てで発行する債券で、国債、地方債、社債などがあります。

外国債券とは、発行する機関・団体、発行地、通貨のいずれかが外国の債券の

▶ GPIFの基本ポートフォリオ

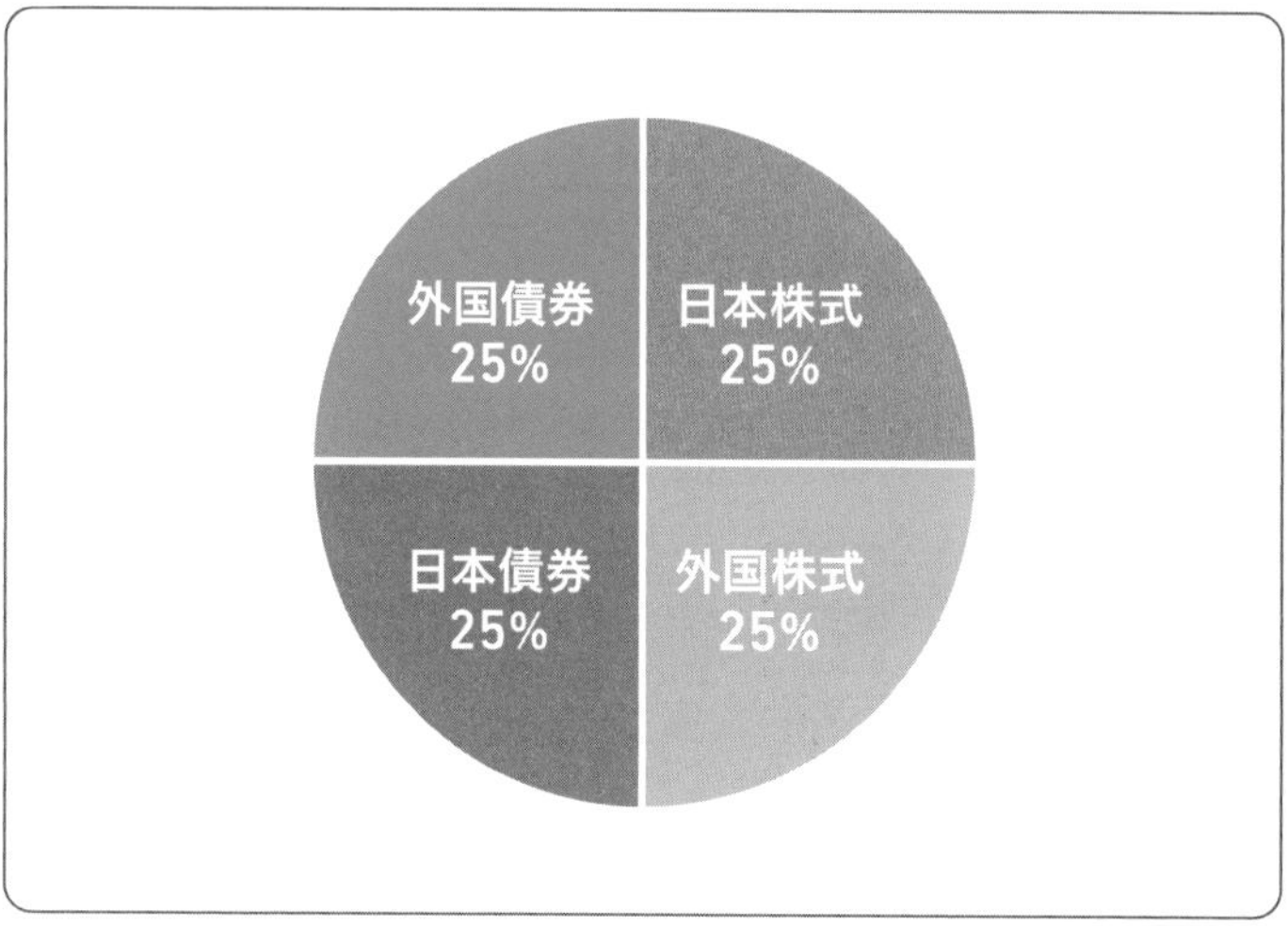

ことです。一般には、米ドルやユーロといった外貨建ての債券が知られています。

ポートフォリオについては、上の図をマネしてもかまいませんが、リスクをとっても大きなリターンをねらいたい人は、株式の比率を増やしたり、株式だけでポートフォリオを組むのもいいでしょう。

株式投資も積み立て投資で行なうことができます。

株式だけでポートフォリオを組む場合でも、日本の株式だけといった集中的な投資はリスクが高いので、最低でも先進国株と分散します。

新興国株を加えれば、より分散効果が期待できます。

逆に、リスクを抑えたい人や、途中経過で含み損が大きくなるのが不安という人は、債券の配分を増やしたり、ＲＥＩＴ《リート》にも分散すると、変動幅が多少はゆるやかになることが期待できます。

この場合も、日本だけではなく、地域も分散しましょう。

ポートフォリオは資産全体でひと工夫して管理する

ｉＤｅＣｏとつみたてＮＩＳＡを並行するなど、複数の口座で投資する場合は、全体としてポートフォリオを配分します。ただ、

「ｉＤｅＣｏは老後資金に、つみたてＮＩＳＡでつくる資金は教育費に」

こんな感じに、**使う時期がはっきり異なる場合は、ｉＤｅＣｏとつみたてＮＩＳＡそれぞれの口座で目的に応じた配分をするのがおすすめです。**

▶ポートフォリオの「積み立ての配分」ひと工夫

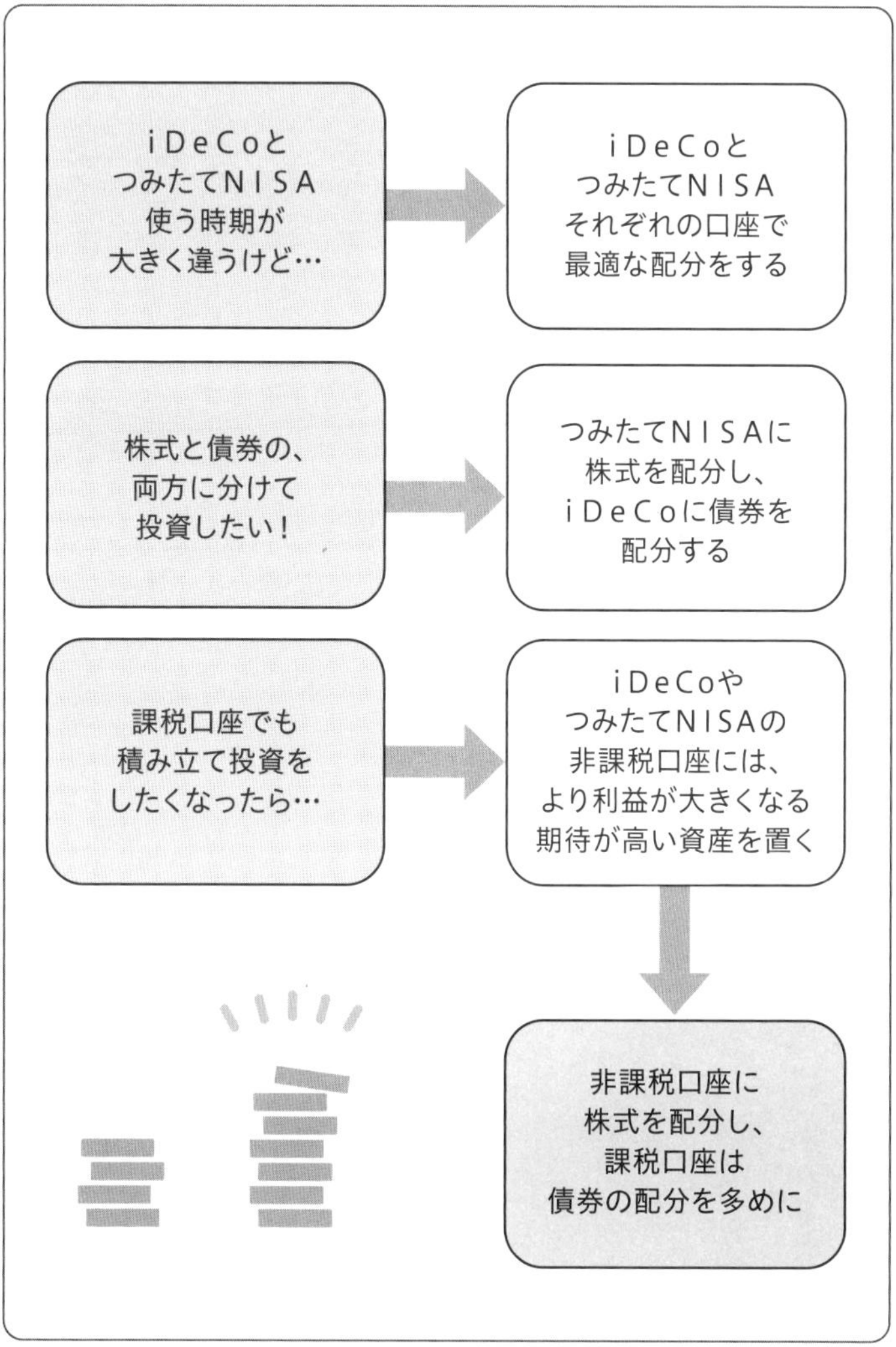
iDeCoと
つみたてNISA
使う時期が
大きく違うけど…
iDeCoと
つみたてNISA
それぞれの口座で
最適な配分をする
株式と債券の、
両方に分けて
投資したい!
つみたてNISAに
株式を配分し、
iDeCoに債券を
配分する
課税口座でも
積み立て投資を
したくなったら…
iDeCoや
つみたてNISAの
非課税口座には、
より利益が大きくなる
期待が高い資産を置く
非課税口座に
株式を配分し、
課税口座は
債券の配分を多めに

注意したいのが、つみたてNISAでは取扱い商品が株式に投資する商品と、1本で複数の資産に投資できるバランス型の投信に限られること。債券のみに配分して投資する商品がないことです。

このため、ポートフォリオ全体としてバランスを重視する人は、つみたてNISAで株式の配分を増やし、iDeCoでは債券への配分を増やすといった工夫が必要になります。

それが面倒であれば、**最初から分散投資ができているバランス型投信を選ぶのがシンプルです。手間をかけたくない人はバランス型投信を選ぶのがよいでしょう。**

また、収入が増えてくると、iDeCoやつみたてNISAの枠を超えて、課税口座でも積み立て投資をしようと考えることがあるかもしれません。

課税口座では税金がかかるので、iDeCoやつみたてNISAの非課税口座には、より利益が大きくなる期待が高い資産を置いたほうが有利になります。

一般的には、債券よりも株式のほうが利益が大きくなるので、非課税口座では株式の配分を多めにして、課税口座では債券の配分を多めにする、と分ける方法もあります。

当面はiDeCoとつみたてNISAで手一杯かもしれませんが、**将来、投資額が大きくなったときには、積み立ての配分を見直すことを覚えておきましょう。**

日本債券はiDeCoやNISAの外で買って、非課税枠を有効活用

また、国債、地方債、社債などの日本債券の扱いにも、ひと工夫すると有利に運用できます。

日本では長く低金利が続き、債券の金利も1%を大きく下回る水準が続いています。つまり、日本債券は大きな利益が期待できない資産クラスということです。

このためiDeCoやつみたてNISAで投資しても、非課税のメリットが非常に小さくなり、

「私、ちょっともったいないことをしているのかも?」

と感じる人も出てきます。

非課税枠を最大限に活用するなら、国債、地方債、社債などの日本債券はiDeCoやつみたてNISAの外で買いましょう。

つみたてNISAの口座を開設する場合は、通常の課税口座の開設もあわせて行なうので、**日本債券は課税口座で買うという手もあります。**

また、預貯金を日本債券の代わりとすることもできるので、**日本債券に充てる金額を積み立て貯蓄として銀行口座に積み立てていくのもアリです。**

ただし、日本債券にはポートフォリオ全体の値動きをゆるやかにする効果があります。

日本債券を非課税口座の外に出すとiDeCoやつみたてNISAの口座内で値動きが大きくなってしまうので、相場下落時には大きなストレスになってしまう人がいるかもしれません。

こうした場合は、**日本債券も非課税口座で投資して、損失割合が大きくなりすぎないようにするのも一つの手ではあります。**

05

モデルケースで比べてみる積み立て投資のツボ

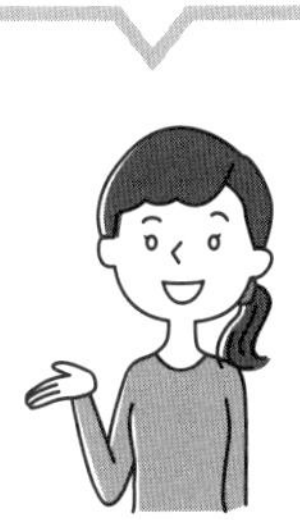

典型的なポートフォリオを三つ紹介します。いずれもみた目はシンプルですが、そのシンプルさのなかに、投資する人それぞれのねらいや思い、投資のツボといったものが込められています。そんなことを考えながら、みていきましょう。

モデルケース①
まずはiDeCoのみ、基本ポートフォリオで積み立て投資をスタート

企業年金を持たない会社に勤めている人が、まず月額２万３０００円の上限までiDeCoに加入するケースです。

▶モデルケース❶のポートフォリオ

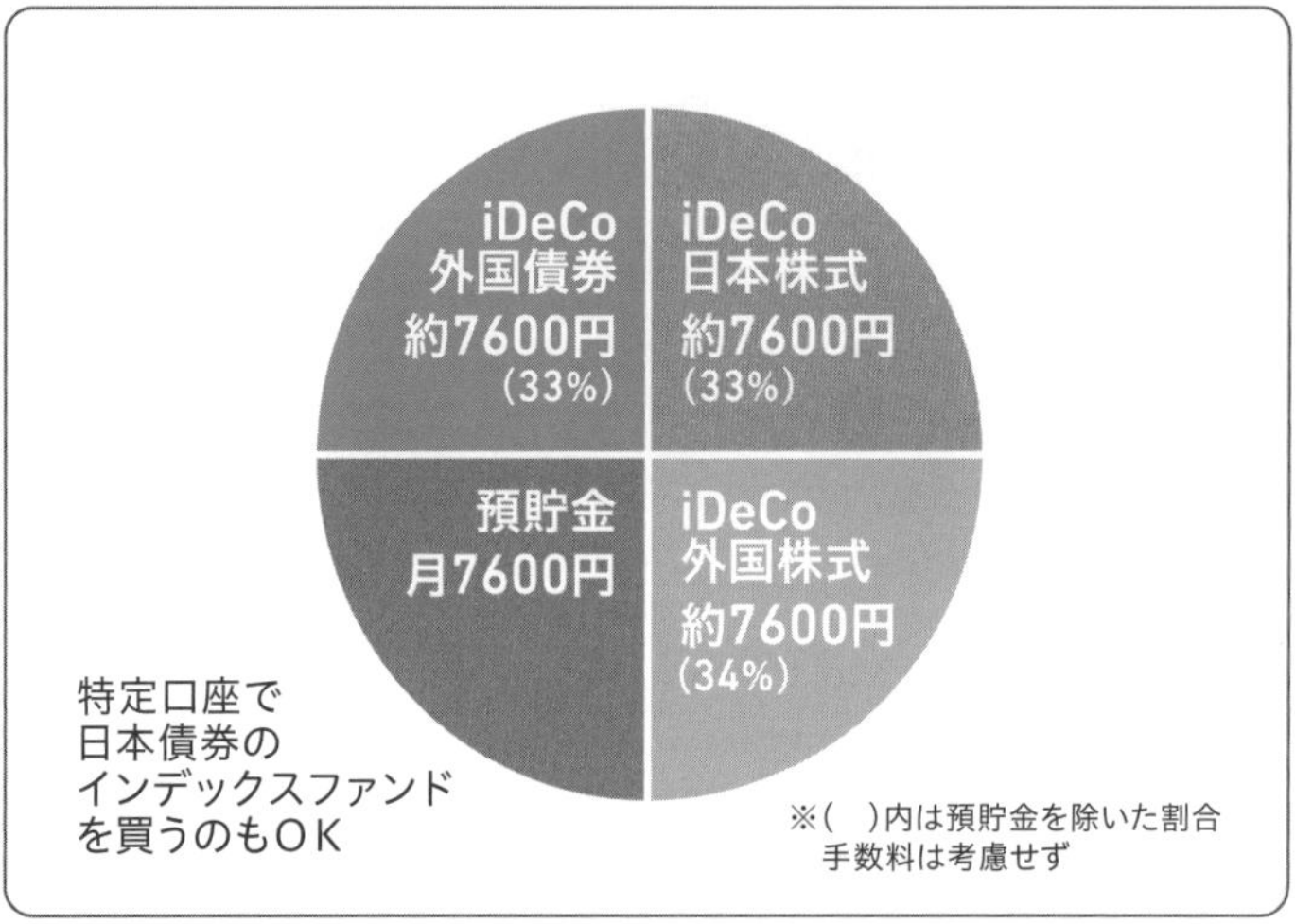

選んだのは、日本株式、外国株式、日本債券、外国債券で、４分の１ずつ保有する基本のポートフォリオです。

ただし、上図のように日本債券は預貯金として保有し（月７６００円ずつ積み立てる）、ｉＤｅＣｏ口座では日本株式、外国株式、外国債券を３分の１ずつ保有してもよいでしょう。

実際には、２万３０００円から手数料を引いたうえで、ｉＤｅＣｏ口座は１％単位の割合で指定するしくみです。

投資額を増やせるようになったら、つみたてNISA口座を開設して、こちらは金額で同様のポートフォリオを

▶モデルケース❷のポートフォリオ

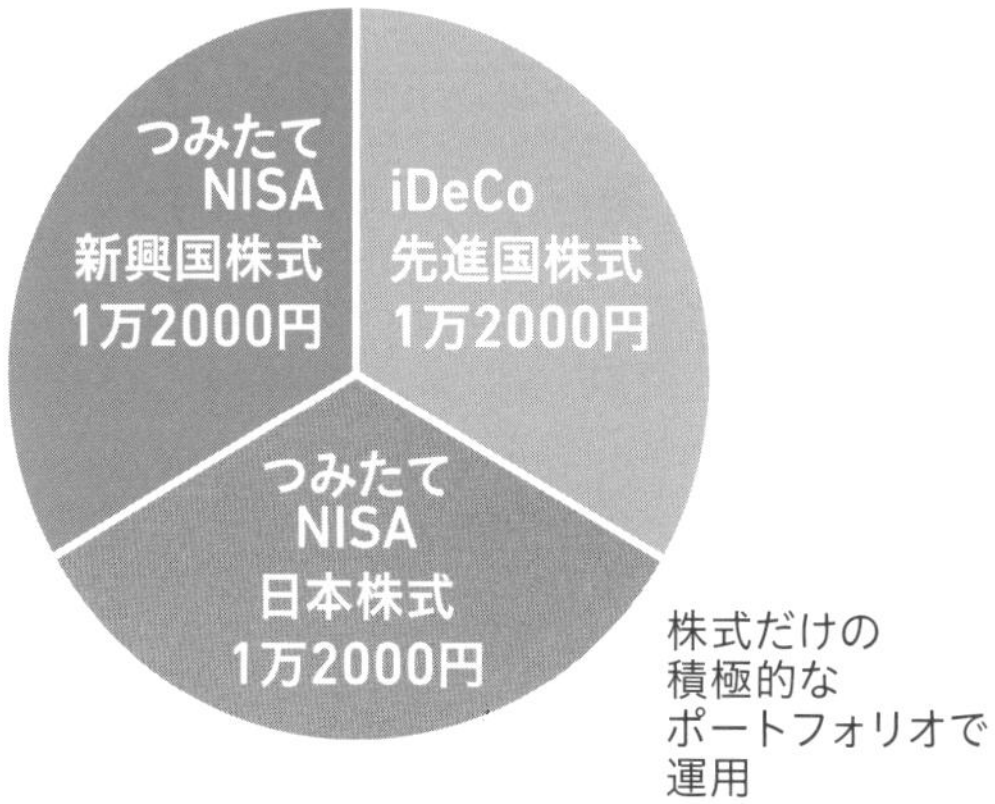

組みましょう。

日本債券は特定口座で日本債券に投資するインデックスファンドを積み立ててもＯＫです。

モデルケース❷ iDeCoとつみたてNISAを併用する

公務員や企業年金のある会社に勤める人などiDeCoの上限額が少ない人は、つみたてNISAも併用しましょう。

リスクをとれるなら、株式だけの積極的ポートフォリオで運用するのも一つの手です。

特に公務員など安定した職業の人であれば、こうした積極的なポートフォリオで資産成長をめざしてもいいでしょう。余裕が出てきたら、ポートフォリオを意識しながら、つみたてNISAの積み立て額を増やしていきます。

モデルケース❸
シンプルさを重視し、1本でバランス型か、全世界の株式に

むずかしいことは考えず、とにかくシンプルに投資をしたい人なら、1本で分散投資が可能なバランス型投信か、リスクがとれる人ならあえて債券には投資せず、1本で全世界の株式に投資できる投資信託を活用しましょう。

148〜149ページで紹介したネット証券4社では、**iDeCo口座で日本の株式と債券、先進国の株と債券という基本の4資産に分散投資する商品は、SBI証券のみが扱っています。**

▶モデルケース❸のポートフォリオ

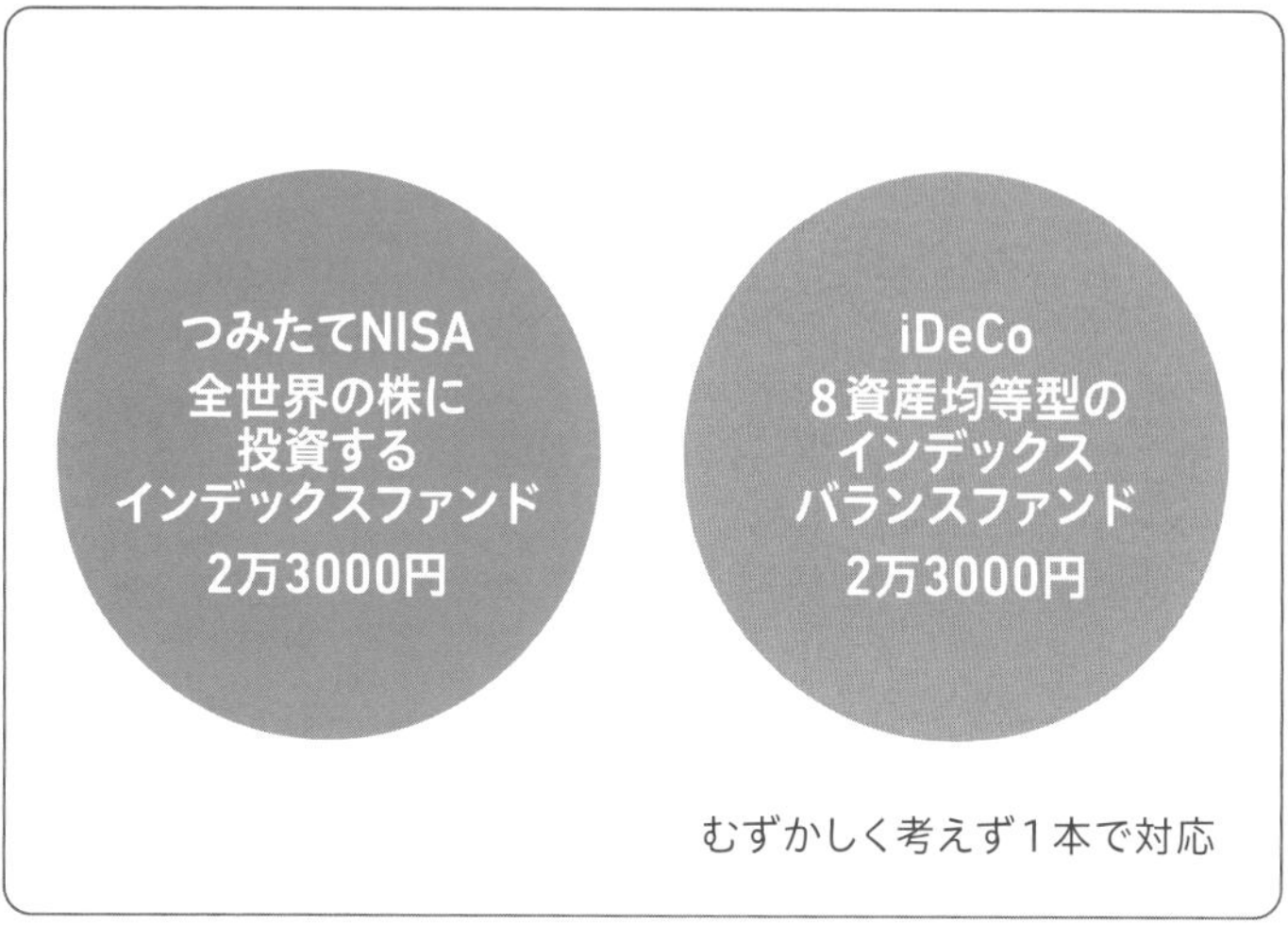

また、**8資産均等型であれば松井証券とSBI証券、マネックス証券で扱いがあります。**

8資産均等型とは、基本の4資産に新興国の株と債券、日本と海外のREITの8つの資産に均等に分散投資する商品です。

つみたてNISAで積極的に増やしていきたいなら、債券には投資せず、1本で全世界の株式に分散投資できる商品がおすすめです。

COLUMN

長期・分散・積み立て投資はドル・コスト平均法で！

ドル・コスト平均法とは、一定期間ごとに、一定金額で、同じ投資対象を買い付ける投資方法です。たとえば、64ページのリンゴの例のように、毎月、同じ個数ではなく、同じ額の投資を行なっていくわけです。

この方法なら、1回でリンゴを100個、1000個買うわけではなく、投資の初心者にも取り組みやすいでしょう。

ドル・コスト平均法を利用すると、価格が低いときには多くの個数を買うことができ、高いときには少ない個数を買うことになります。短期間に大きな損失を出してしまったり、買いどきを逃してしまって後悔したりといったことも避けられるのです。

このドル・コスト平均法のミソは購入するタイミングをずらすこと。つまり「時間」を分散できることです。ドル・コスト平均法による、投資信託を活用した積み立て投資で行なえば、資産を分散し、時間も分散して投資ができます。

第5章

積み立て投資を
成功させるために
覚えておくべきこと

01

下落・暴落相場がきたら何をすべきでしょうか？

積み立て投資の設定を終えてしまえば、あとは毎月自動でお金が積み立てられていくので、何もやることはありません。

最初のうちは頻繁《ひんぱん》に口座をチェックして、前日よりも何円増えた、何円減ったとドキドキするかもしれません。

それでも、平時はそんなに大きな変動をするわけではないので、そのうち飽きてみなくなってくるものです。積み立て投資はほったらかし投資ですから、それでかまいません。**投資していることを忘れてしまってもいいのです。**

積み立て投資をしている間、何事もなく右肩上がりに資産が増えてくれればいいのですが、そうもいかないのが資産運用。金融市場は上がったり下がったりを繰り返しながら成長していくので、下落相場《げらくそうば》を避けては通ることはできません。

しかも、短期間で急激に資産価格が下落する〝暴落相場《ぼうらく》〟も、ある日突然襲ってきます。

上昇相場は時間をかけてじりじりと上がっていくものですが、下落相場は突然やってきて急激に下がる傾向があります。それが怖いところです。

「少し前までは大きな含み益が出ていてホクホクしていたのに、気がついたら含み益がすべて消えていた。それどころか大きな含み損状態になっている！」

こんな事態もめずらしくありません。

あわてず、あせらず、が最善の選択

こんなとき、どう行動すべきなのでしょうか。

いちばんやってはいけないのは、

「このまま持ってると、もっと下がってしまう！」と、パニックに陥って、含み損が出ている資産をすべて換金してしまうことです。これでは、これまでコツコツと積み立ててきた努力がすべてパーになってしまうどころか、損失を確定させることになってしまいます。

こういうときは、**まず落ち着いて、投資を始めたときのことを思い出しましょう。**

あなたも、10年、20年と長期で続けていこうと決めて、積み立て投資を設定したはず。10年、20年と、ほったらかしでOKだから、できると思ったのではありませんか。

相場に波があるからこそ、儲けも生まれる

積み立て投資は、順調に右肩上がりを続けていく対象より、下落相場や暴落相場を経験し値動きに上下の波がある対象のほうが最終的な利益は大きくなります。

▶ 2000年1月〜2021年7月までの日経平均株価チャート

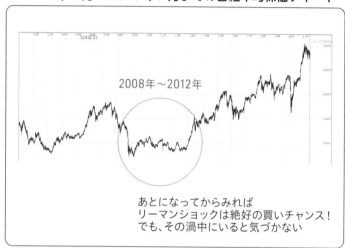

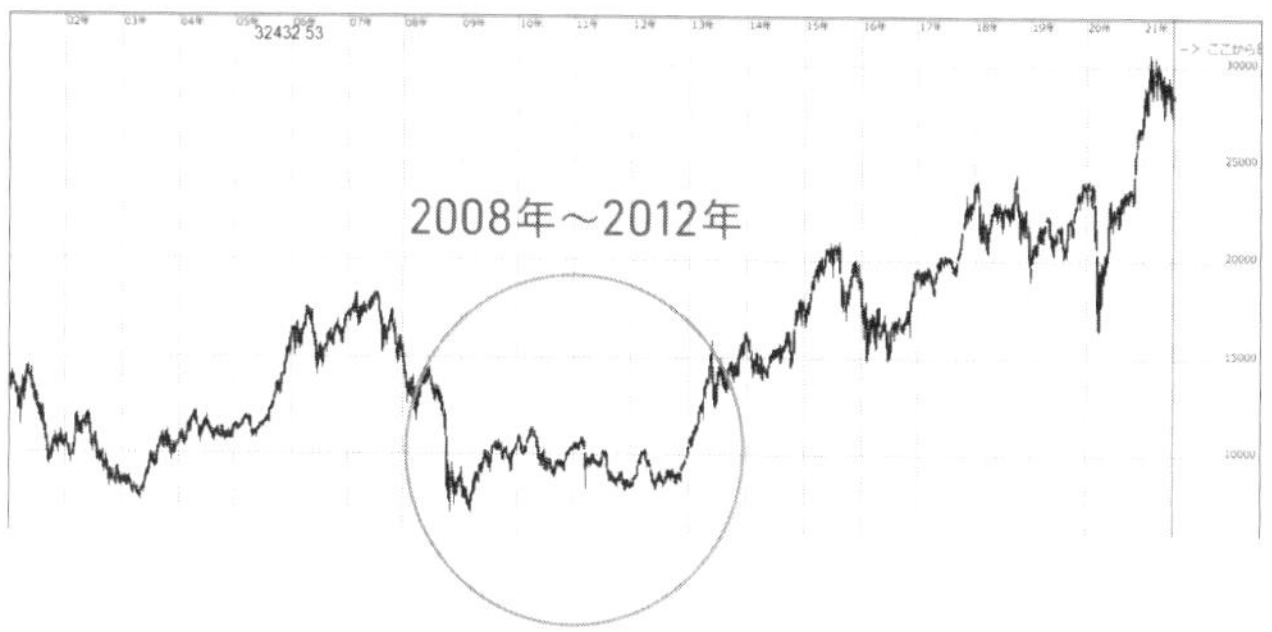
あとになってからみれば
リーマンショックは絶好の買いチャンス！
でも、その渦中にいると気づかない

ケンミレ（KEN&BRAITIV社）のサイト（https://www.miller.co.jp/）をもとに作成

投資は安く買えるほど利益が出るので、安くなっている期間があるほうがおトクに仕込めます。下落している期間が長ければ長いほど、あとから回復したときの利益は大きくなります。

それなのに、目の前の下落が怖くて投資をやめてしまったら、せっかくのチャンスを逃すことになります。チャンスを着実にものにするためにも、積み立て投資はやめてはいけないのです。

100年に一度の金融危機といわれたリーマンショックでは、下落相場は1年以上続きました。今、当時の株価チャートをみれば、絶好の買いチャンスだったことは明らかですが、実際にその渦中にいると怖くてたまらなくなるものです。

一生懸命働いて得たお給料をコツコツ積み立ててきたのに、それがどんどん減っていき、みるたびに含み損が大きくなっている――。そんな事態に直面すれば、「このままずっと下がり続けるのでは？　耐えられない……」

だれだって、そんな恐怖を覚えます。

こんな状況で、毎日証券口座の残高をチェックしていると、怖くなったり嫌になったりして売りたくなってしまうかもしれません。

しかし、**こんなときこそ〝ほったらかし〟です。下落相場では、証券口座をみないようにしましょう。**積み立て投資は何もしなくても継続できるので、余計なことをするぐらいなら忘れてしまうほうがずっとよいのです。

そういう意味で積み立て投資は、ほったらかしにしてもよい投資ではなく、**戦略的にほったらかしにしなければならない投資です。**このことを肝に銘じておく必要があります。

02

積み立て投資を見直す必要はホントにないの？

長期・分散投資では「リバランス」が必要であるといわれます。リバランスとは、保有している資産の価格が変動することで、あらかじめ決めた資産配分が崩れてしまった場合に、もとに戻すことをいいます。

たとえば、次ページの図のように、外国と日本の株式と債券を4分の1ずつ持つと決めて積み立て投資を続けているとします。

長い間投資を続ける間に株式が大きく上昇し、債券はそれほど上昇していないと、同じ額を投資しているにもかかわらず、保有資産は外国株式と日本株式の保有割合が25％を超えてしまう場合があります。

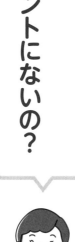

▶リバランスの例

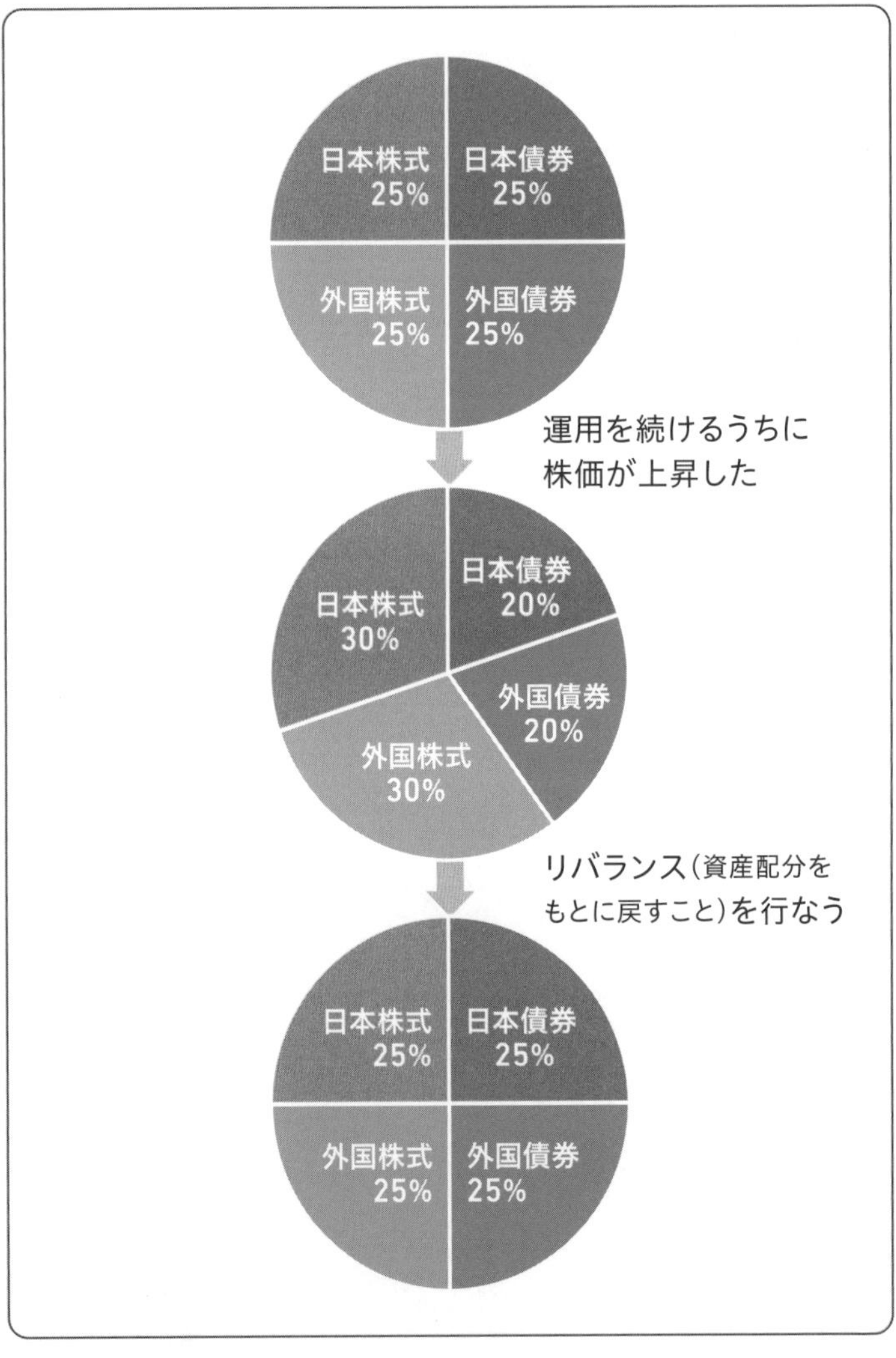
日本株式
25%
日本債券
25%
外国株式
25%
外国債券
25%
運用を続けるうちに
株価が上昇した
日本株式
30%
日本債券
20%
外国債券
20%
外国株式
30%
リバランス(資産配分を
もとに戻すこと)を行なう
日本株式
25%
日本債券
25%
外国株式
25%
外国債券
25%

その場合、外国株式と日本株式の一部を売却し、外国債券と日本債券を追加で購入することで、資産配分を本来の割合に戻すのです。

年に1回のリバランスにはこだわらない

リバランスは高くなっている資産の一部を利益確定して、安い資産を追加購入することになり、長期でみれば運用成果を向上させる効果があるといわれています。年に1回程度は保有資産を見直してリバランスをすることが推奨されることが多いようです。

ただし、リバランスには落とし穴もあります。

つみたてNISA《ニーサ》の場合は、一度売却してしまうとその非課税枠は使えなくなるので、せっかく20年の非課税期間があるのに有効活用できません。

ですから、**原則は売却をともなうリバランスはするべきではありません。やるとしたら、これから積み立てていくぶんの配分を変えることで、割合を調整して**

いきます。

一方、iDeCo《イデコ》口座では売買は自由なので、リバランスをしても特に不利になることはありません。年に1回程度、お盆休みとかGWなどといった時期を決めてトライするのもいいでしょう。

売却できないつみたてNISAをほったらかしにする代わりに、つみたてNISA口座のぶんも含めて自分のポートフォリオをみながら割合を計算し、リバランスを行なうのもよいでしょう。

この場合に重要なのは、**感情を入れず機械にでもなったつもりで淡々と行なうことです。**リバランスは、グングン上昇している対象を売り、下落している対象を買う作業になるので、実際にやってみると案外むずかしいもの。

「もっと上がりそうなのに、売らなきゃいけないの？」

「下がり続けている資産を買っても大丈夫？」

そんな迷いが生じがちなのです。

しかも、大きな資産額ならともかく、数十万円や数百万円のポートフォリオを

チマチマ調整しても、パフォーマンス改善効果など、たかが知れています。〝機械〟になりきれずに、

「この銘柄は、今が買いどきよね！」

などと変な売買をしてしまうぐらいなら、何もしないほうがマシであることも多いのです。

リバランスにこだわる必要はありません。**あなたがどうしても迷いがちになるタイプなら、最初からバランス型投信を購入しておきましょう。**

そうすれば投資信託内で自動でリバランスされるので、アレコレと考える必要がなくなります。

03

人生には〝貯めどき〟と〝使いどき〟があるんです

「毎月、決まった額を積み立てていき、収入が増えれば積み立て額も増やす」

これが理想ですが、現実にはこれまでどおりの額を積み立てていくことさえむずかしくなる時期があります。

一般的には、子どもの大学受験に向けた塾代などの費用がかさむ高校時代から、大学を卒業するまでの期間は家計が非常に苦しくなります。

住宅ローンの返済が重なっていたりすると、なおさらです。

あなたが今は独身でも、長期の積み立て投資は10年、20年先を思い描きながら行なっていくので、こうした将来の大きな出費は無視できません。

子どもがどんな進路を歩むかでスタート時期と終了時期は異なりますが、子どもの教育にお金がかかる時期が人生最大の出費期間です。

この時期に家計がひっ迫するのはしかたのないことなので、この期間は積み立て額を減らすという選択も必要です。

独身・ノーキッズ時代から始めましょう！

この時期の負担を小さくするためにも、**出費が少ない独身のころから子どもが幼い間は、なるべくしっかりと積み立てをしておくことが重要です。**

この期間は重要な貯めどき。この時期にしっかり積み立てておくと、運用できる期間が長くなるぶん利益が大きくなることも期待でき、出費の増える時期や老後がぐんとラクになります。

また、子どもが就職して独り立ちしたあとは、出費はガクンと減ります。**そこから定年までの間は人生最後の貯めどき。**老後資金を増やせるラストスパート期間ですから、できるだけ積み立て額を増やせるようがんばりましょう。

子どもが巣立ったあとは高額な生命保険も必要なくなるので、保険の見直しなどでも積み立て額を増やすことは可能です。

なお、高齢出産の夫婦の場合は、最初の貯めどきが長いぶん定年直前の最後の貯めどきが短くなります。40代での出産になると、最後の貯めどきはほとんどなくなってしまう可能性もあるので、子どもが小さいうちにがんばりましょう。

iDeCoとつみたてNISA、どちらを減らす？

積み立て額を減らしたり増やしたりする調整は、まずはつみたてNISAで行なうのが便利です。証券会社や銀行のウェブサイトで積み立て額を変更したり中断する手続きを行なうと、多くの場合は翌月から反映されます。

ｉＤｅＣｏも年に1回だけ積み立て額の変更が可能ですが、書類の提出が必要です。また、原則として途中でやめてお金を引き出すようなことはできません。

iDeCoの積み立てを一時的に停止することは可能ですが、これには複数のデメリットがあります。まず、積み立てを停止している間も手数料はかかります。

そのため、これまで積み立てた資産から手数料が取り崩されてしまいます。

また、**積み立てを停止している期間は、一時金を受け取る際の非課税枠を計算するもととなる加入期間としてカウントされません。**

積み立てた資産を老後に一時金で受け取るときに、iDeCoに加入していた期間が長いほうが非課税枠が大きくなります。

このため、積み立ての停止はなるべく避け、掛金の変更で対応しましょう。証券会社や銀行に連絡し、掛金額変更届を提出します。掛金の下限は5000円で、それより少なくすることはできません。

また、変更が反映されるまでには数か月かかり、もとに戻すときも同じ作業をしないといけません。

まとめると、次ページの図に示したように対応します。

▶ iDeCo とつみたて NISA　減らす順番

1

まずは
つみたてNISAを
変更

2

つみたてNISAの
積み立て額を
ゼロにしても
まだ苦しいときは?

→

iDeCoの
掛金額を
減らす

下限である5000円は
なんとかねん出

3

積み立て額を
もとに戻すときは?

→

所得控除が
受けられる
iDeCoを
増額

iDeCoの手続きが
反映される数か月間は
つみたてNISAを増やす

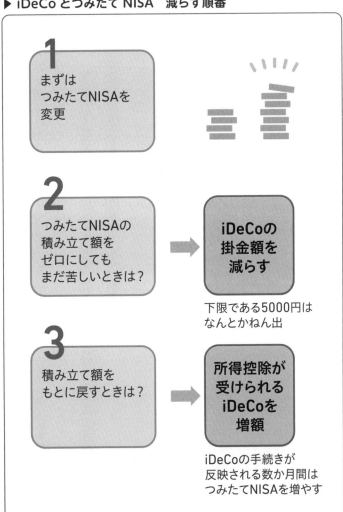

まとまったお金が必要になったときは？

積み立て投資は、最低10年は続けることが重要です。つみたてＮＩＳＡはいつでも換金できますが、できれば最大の非課税期間である20年は続け、資産をより大きくすることをめざします。

しかし、それまでの間にまとまったお金が必要になったら、必要な額を売却する手続きをします。これも、証券会社や銀行のウェブサイトで簡単にできます。

10年以上継続していても、相場環境によっては十分な利益が出ていなかったり、損失が出ていることもあるでしょう。

「去年は大きな含み益があったのに、今はすっかり小さくなってしまった」

そんなこともよくあります。

積み立て投資の最終的な利益は、換金時の相場環境に左右されます。

相場が回復するまで待てるよう、生活防衛資金を別に持っておき、**生活防衛資金を先に使って相場が回復して十分な利益が出たときに換金し、また生活防衛資**

金として持っておくのが理想です。

子どもが生まれてすぐ、大学進学資金目的で始めた場合

また、使う時期が決まっているお金は、数年前から換金を視野に準備しておく手もあります。

たとえば、子どもが生まれてすぐに大学進学資金目的でつみたてNISAを始めたら、大きな資金が必要になるのは、その子が高校3年生の後半です。換金はできれば天井圏でしたいところですが、どこが天井なのかは誰にもわかりません。

とはいえ、中3で高校受験をする時期には、すでに15年程度の投資ができています。

そのときに、**株価などが上昇相場にあって、それが長く続いているような場合は、少しずつ換金して利益を確定しておくとよいでしょう。**全部換金してしまう

と、さらに上昇が続いた場合に機会損失になってしまうので、数回に分けて換金します。

高校受験の時点で株式市場が低迷しているなら、お金が必要になるまで3年近くあるので、しばらく様子をみて回復を待ちます。

老後資金のために始めた場合

老後資金の形成が目的の場合は、非課税期間である20年は投資を続けることを目的とします。

20年経過後は売却して現金化するか、通常の課税口座に移して運用を続けるかの選択肢があります。十分な利益が出ていれば換金してOKです。

課税口座に移す場合は、そのときの評価額で取得したというかたちで投資を始めることになり、その時点での利益には課税されずに投資を続けることが可能です。その非課税メリットは換金した際と同様に受けられます。

30歳でつみたてNISAを始めると、20年で50歳。まだ老後というには若く、**今後まとまったお金が必要になりそうな場合は、そのまま課税口座で積み立てを続けるのもいいでしょう。**

万一、**このタイミングで相場環境が悪く含み損が出ている場合や利益が小さい場合は、課税口座に移して回復を待つのが得策です。**

この際、含み損が出た評価額で課税口座に移されるので、その後、利益が出た場合の税額が不利になってしまうデメリットがあります。

ですが、20年間継続した積み立て投資であれば、相場が回復した場合のメリットが上回る可能性が高いはずです。

04

転職や独立の際はiDeCoを持ち運びましょう！

確定拠出年金には「企業型」（企業型ＤＣ）と個人型（ｉＤｅＣｏ）があり、会社員なら両方ともしくみ上は勤め先に紐《ひも》づけられますが、転職や独立しても持ち運ぶことができるのがメリットです。

転職した場合は、転職先の人事や総務などにｉＤｅＣｏに加入していることを伝え、具体的な指示を仰ぎましょう。また、利用している証券会社や銀行にも問い合わせて必要な手続きを進めます。

具体的には、次のようなパターンが考えられます。

転職・独立のパターン別、iDeCoの持ち運び方

①企業型DCのある会社に転職する場合

iDeCoに加入する人が企業型DCのある会社に転職した場合、転職先の企業型DCに、これまで積み立ててきたiDeCoの資産を移換してまとめることができます。

企業型DCに加入することで、これまであなたが払っていた掛金を、勤め先が払ってくれるようになります（金額は会社によって異なり、掛金の一部の場合があります）。

会社は退職金制度として導入しているのですから、掛金を拠出し、損金処理をするわけです。

ただ、移換するには投資信託をいったん現金化する必要があります。

あえて企業型DCに加入せずにiDeCoを続けることができる場合もあります（企業型DCが選択制の場合）。ただ、iDeCoで差し引かれていた口座管理

などにかかる手数料を企業が負担してくれるので、基本的には企業型ＤＣに加入するのが有利です。

企業型ＤＣに上乗せしてiＤeＣoの同時加入を認めている企業もあり、この場合はiＤeＣo加入を継続できます。

また、**2022年10月以降は、勤務先が認めるかどうかにかかわらず、企業型ＤＣに加入したうえでiＤeＣoを続けることが可能になります（掛金には上限あり）。**

②企業型ＤＣのない会社に転職する場合

そのままiＤeＣoを継続できますが、**証券会社や銀行に登録事業所の変更届と転職先の事業主証明書を提出する必要があります。**

③自営業、フリーランスとして独立する場合

利用している証券会社や銀行に種別変更届を提出し、iＤeＣoを継続できま

▶転職・独立のパターン別、ｉＤｅＣｏの持ち運び方

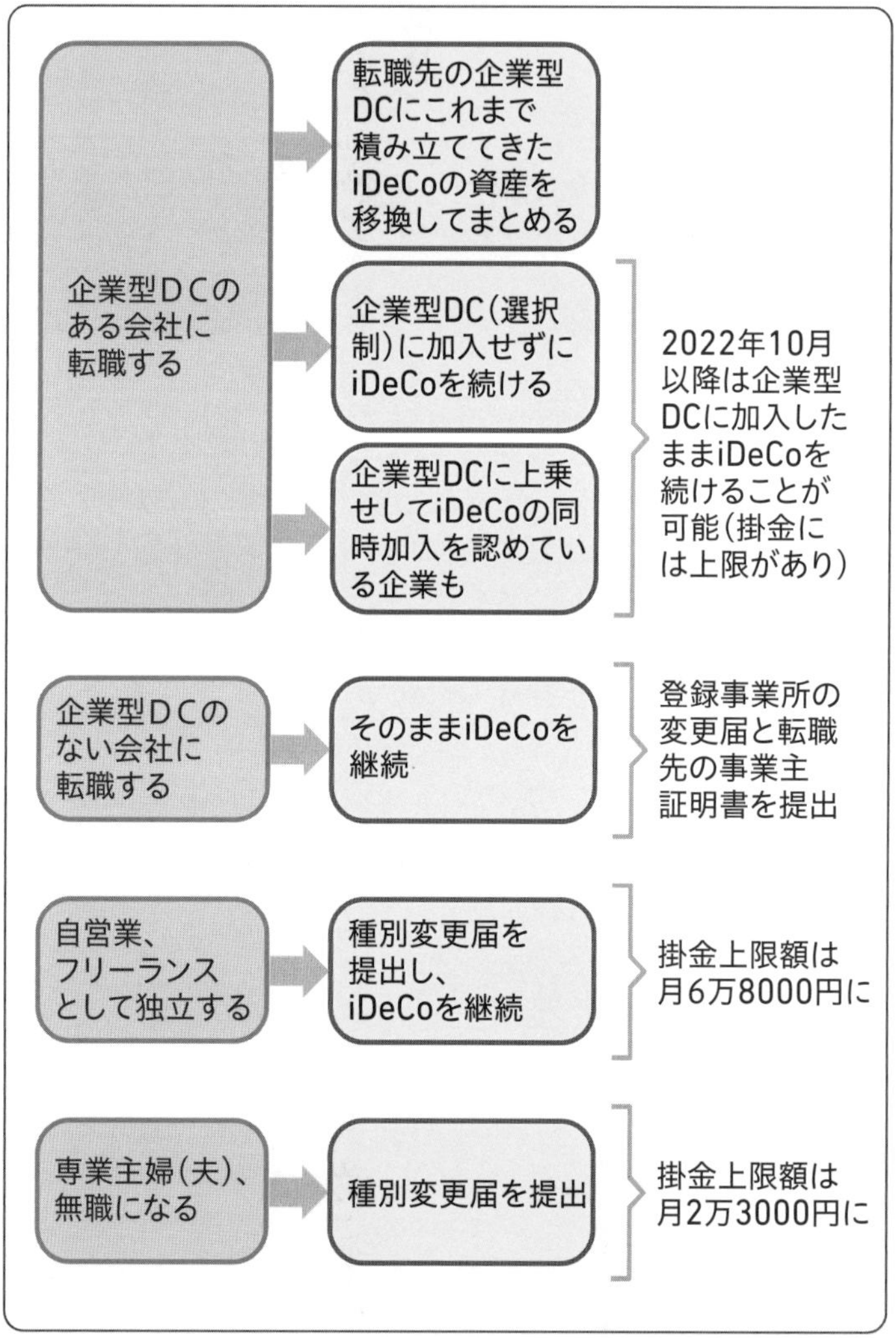

企業型ＤＣのある会社に転職する
転職先の企業型DCにこれまで積み立ててきたiDeCoの資産を移換してまとめる
企業型DC(選択制)に加入せずにiDeCoを続ける
企業型DCに上乗せしてiDeCoの同時加入を認めている企業も
2022年10月以降は企業型DCに加入したままiDeCoを続けることが可能(掛金には上限があり)
企業型ＤＣのない会社に転職する
そのままiDeCoを継続
登録事業所の変更届と転職先の事業主証明書を提出
自営業、フリーランスとして独立する
種別変更届を提出し、iDeCoを継続
掛金上限額は月6万8000円に
専業主婦(夫)、無職になる
種別変更届を提出
掛金上限額は月2万3000円に

す。**第2号被保険者から第1号被保険者に変更となるので、積み立てられる上限額は月6万8000円まで増えます。**

より多くの所得控除を受けられるようになるので、所得税と翌年以降の住民税が安くなります。

会社を辞めて厚生年金から脱退すると老後の年金が減ることになるので、そのぶん、できるだけiDeCoの掛金を増やせるようがんばりましょう。

④専業主婦（夫）、無職になる場合

この場合は第三号被保険者になるので、**証券会社や銀行に種別変更の手続きをする必要があります。**掛金の上限は2万3000円です。

企業型DCに加入していて独立する際は、自分で手続きする

逆に企業型DCに加入していた人が転職や独立する際には、十分な注意が必要

です。

転職先に企業型ＤＣがあれば、転職先の担当者が移換手続きを指示してくれますが、ない場合や独立する場合は、**あなたが自分で忘れずにｉＤｅＣｏに資産を移す手続きをしなければなりません。**

というのも、この手続きを行なわないまま6か月が経過してしまうと、国民年金基金連合会に強制的に資産を移換されてしまうからです（自動移換）。

自動移換の際は投資信託などで保有していた資産をすべて現金化され、現金のままで管理されてしまうので、利益をねらう投資ができなくなってしまいます。

そのうえ、自動移換の手数料が４０００円以上差し引かれ、さらに毎月52円の管理手数料が差し引かれるので、放っておくと資産がどんどん目減りします。

加えて、自動移換されている間は加入期間に算入できず、老後の給付も受けられません。

うっかり自動移換されてしまったことに気づいたら、速やかに証券会社や銀行に連絡してｉＤｅＣｏに移換する手続きをしましょう。

05

老後にどうやって受け取るの？ iDeCoの〝出口戦略〟

iDeCoの加入はこれまで60歳までとされてきましたが、2022年10月以降は国民年金の加入者なら65歳まで継続できるようになります。会社員として働く第2号被保険者は、その身分で働き続ける限りは国民年金にも加入していることになり、**iDeCoの積み立ても65歳まで継続できることになります。**

ただ、自営業者やフリーランス、専業主婦は原則60歳で国民年金の加入者の身分を失うので、iDeCoも60歳までとなります（任意加入者を除く）。

積み立て期間を満了したあとの四つの選択肢

積み立てできる期間が終わったときに、取り得る選択肢は四つあります。

①年金として分割して受け取る
②一時金としてまとめて受け取る
③年金と一時金を組み合わせて受け取る
④受け取らずに運用を続ける

①〜③はどれを選ぶかによって、税金のかかり方が変わってくるので、手取り額にダイレクトに影響します。

④の場合は、運用資産が増減しますし、受け取り時にあらためて①〜③を選ぶ必要があります。

・iDeCoで積み立てた資産を受け取る際には原則として全額が課税対象とな

りますが、税制優遇を受けることができます。

①年金として受け取る場合は「公的年金等控除」の対象となり、②一時金の場合は「退職所得控除」の対象となります。

どちらを選べば課税されずに受け取れるか、あるいは課税額を少なくできるかを検討しましょう。口座を持つ銀行や証券会社のコールセンターで、目安を確認することができます。

一般的に、20年以上加入している場合は、退職所得控除の枠が大きくなります。たとえば30年以上加入していれば、１５００万円までは無税で受け取れます。

ただし、退職所得控除はｉＤｅＣｏの受け取りだけでなく、勤務先から出る退職金と同じ枠になります。退職金の額が大きい場合は退職所得控除をはみ出してしまい、課税される可能性もあります。

とはいえ、はみ出したぶんを２分の１にして税率を掛けるので、税額は軽減されます。

また、自営業者やフリーランスは掛金の上限額が大きく、上限いっぱいで長く加入していると iDeCo の資産が相当大きく育っていることも考えられます。

退職金がなく、公的資金も少ない自営業者やフリーランスの場合は、退職所得控除の枠いっぱいまで一時金で受け取り、年齢や期間を考慮して残りを年金として受け取るという方法をとることで、課税されずに済む場合もあります。

2021年8月末現在、給付を受ける際は、**一時金としてまとめて受け取っても、年金として分割しても、1回受け取るたびに440円の給付手数料がかかるので、分割すると手数料負担が大きくなります。**

また、同時期に公的年金を受け取る場合は、それで公的年金等控除を使い切ってしまう場合もあり、控除を受けられない場合もあります。

あなたがどう受け取ると最も有利になるかは、加入期間や iDeCo の資産額、勤め先からの退職金の額や公的年金の額によっても大きく変わるので、一概にいえません。

ただし、**一般的には一時金で全額を受け取るのが最も税額が少なく済むことが多く、その次に一時金と年金の併用が有利で、年金での受給が最も不利になりま**

す。しかし、すべての人にそれがあてはまるわけではありません。

また、浪費家タイプの人は多少不利でも、一時金で受け取るより年金のほうがいいかもしれません。住宅ローンが残っていて退職時にスッキリしたいという場合は、一時金で受け取って完済するという手もあります。

なお、毎年、税制改正が行なわれるので、若い人にとっては税制が現在とは変わっているかもしれません。

あなたが若いなら、今はこのぐらいの知識を持ったうえで漠然《ばくぜん》と考えておき、**退職が近くなったら具体的な比較検討に入るのがいいでしょう。**

勤め先に退職金の額や受けられる退職所得控除の額を確認し、ねんきん定期便などで受給できる公的年金の額を把握し、あらためて検討するのがおすすめです。

iDeCoは70歳まで運用を続けられる

ｉＤｅＣｏは加入期間が終わったら、すぐに受け取りを開始しなければならないわけではありません。

掛金の積み立ては加入期間にしかできませんが、それが終わっても、**すでに積み立ててきた資産は70歳までそのまま運用を続けることができます。**

65歳（自営業者などは60歳）で受け取るか、70歳まで運用を続けるかについては、一般的には長く続けたほうが利益を大きくなる可能性は高いといえますが、当然ながら100％ではありません。

65歳時が相場の天井で、70歳に向けて下落相場が続いて、最終的には受取額が減ってしまうということもあり得ます。

退職時の相場環境はそのときになってみないとわかりません。老後の生活費や必要な費用、老後の生活設計などによっても最適な受け取り方は異なります。

そこで、今のうちからある程度考えておきつつ、最終判断は近くなってから行なうつもりでいればよいでしょう。

投資仲間をつくろう！

親しい友人に対してであっても、お金や資産の話はしづらいものです。個人投資家はどうしても孤独になりがちですが、同じような目的を持って投資をしている人とつながったり、意見交換することで投資が楽しくなったり、続けやすくなることがあります。

特に、金融市場が下落している局面は、安く仕込んで将来の利益を大きくする大切な時期だと頭ではわかっていても、一人で耐えるのはむずかしいこともあるでしょう。

口座の含み損が拡大していくのを目のあたりにすると怖くなったり、全部売ってやめてしまいたくなる衝動に駆られてしまうことがあります。

そんなときこそ、同じように、**長期、分散、積み立て投資を続けている仲間と話をしたり、考え方を聞くことで、気が晴れたり、本来の目的を思い出したりすることができるかもしれません。**

もちろん、より有益な投資情報を得ることもできるでしょう。

すべての投資家が長期、分散、積み立て投資を手がけているわけではなく、個別株やFXなどで短期的な利益をねらう人や、個別株で中長期的な利益をねらう人もいます。

投資のスタイルは人それぞれですが、違いを理解したうえでさまざまな考え方に触れるのも視野を広げるのに役立つでしょう。

リアルで話せる関係の仲間をつくるのは少しハードルが高いかもしれませんが、オンラインでさまざまな投資家たちとつながるのであれば簡単です。

SNSで個人投資家をフォローして気になる投稿にコメントしてみたり、投資家のグループに入ってみたり、投資家のブログを読んでみるのもいいでしょう。

同じように資産形成をめざす仲間をつくることで、投資はより楽しくなります。

第6章

失敗しない商品選び
選ぶべき厳選10本!

01

コストの安いインデックス投信で分散

本書の「ほったらかし投資」では、シンプルに投資したい資産クラスを選んで、その対象に連動するインデックス投信からコストの安いものを選びます。

たとえば、日本株に投資する場合、ＴＯＰＩＸ《トピックス》（東証株価指数）に連動するインデックス投信を選びますが、連動するインデックスが同じなら運用成果もほぼ同じです。だったら、差し引かれるコストが安いほうが有利だからです。

具体的な投資信託選びについては、5つのポイントがあります。

Point 1 投資対象、資産クラスで選ぶ

投資信託には、さまざまな対象に投資する商品があります。

たとえば、日本人に身近な日本株に投資する商品もあれば、米国中心に広く先進国の株式全体に投資する商品もあります。中国を中心とした世界の新興国株式にまとめて投資する商品や、全世界の株式にまとめて投資できるものもあります。同様に、国内外の債券や日本のＲＥＩＴ、海外のＲＥＩＴなどに投資する商品もあるので、**まずは投資する資産クラス（投資対象となる資産の種類や分類）を決めてから、その対象に投資する投資信託で絞り込んでいきます。**

なお、外国株については、特に米国株に注目が集まっています。

長期の分散投資であれば、価格が変動しても常に一定の金額で、かつ時間を分散して定期的に買い続ける積み立て投資（ドルコスト平均法）が適していることなど、基本的な投資方法を理解したうえで対象とするのもよいでしょう。

Point❷ インデックス型か、アクティブ型か

投資信託は大きく、アクティブ型とインデックス型とに分けられます。

インデックス型は、何らかの指数（インデックス）に機械的に連動するタイプです。

指数とは日経平均株価やTOPIX（東証株価指数）、米国のニューヨークダウやS&P《エスアンドピー》500といった株式市場の動きを表す「株価指数」のほか、さまざまな国の株価をまとめて指数化した商品もあります。

インデックス型の投資信託はこうした指数と同じ値動きをするので、指数が下がれば投資信託の価格も下がりますし、指数が上がれば投資信託の価格も上がります。**インデックス投信を使った投資は、市場と同じ運用成果をねらうわけです。**

一方、アクティブ型の投資信託は、運用チームが独自の企業研究で株価が上昇しそうな商品・銘柄などを選び、インデックスを上回る投資成果をめざして運用されます。

運用がうまくいけば、インデックスを上回る利益を出すことができます。市場が下落しているとき逆に利益を出したり、金融市場の暴落でインデックス投信が大きな損失を出しているときでも小さな損失で済む、といったことも期待できます。

投資信託では、信託報酬という運用にかかるコストを支払う必要がありますが、運用に人の手がかかるアクティブ型は、機械的に指数に連動するインデックス型よりもコストが高くなります。

それでも、アクティブ型の運用成果は必ずインデックス型を上回るとは限らず、下回ることもあります。**アクティブ型はインデックス型と比べると、アタリハズレが大きいわけです。**

Point ❸ コストで判断する

投資信託は分散投資を専門家に任せているぶん、コストがかかります。投資信託の主なコストを挙げておきましょう。

①投信を買うときにかかる販売手数料

投資信託を買うときにかかるのが販売手数料です。**商品によって異なりますが、高いものでは3%程度の販売手数料がかかるものもあります。**

購入額から差し引かれる場合は、販売手数料3%（税抜）の投資信託を100万円分購入すると、税込みで3・3%、3万3000円の手数料となり、96万7000円から投資をスタートすることになります。

販売手数料はインデックス型よりアクティブ型のほうが高い傾向にあり、インデックス型では無料の商品もたくさんあります。**つみたてNISA《ニーサ》の対象商品は、販売手数料がすべて無料になっています。**

ちなみに、販売手数料が無料のノーロード商品というものもあります。ただし、すべてが無料では証券会社や銀行もビジネスになりません。

投資する側としては、信託報酬や信託財産留保額など、その他の手数料などのコストを含めてトータルでかかるコストを比較して考えてみる必要があります。

②運用にかかる信託報酬

信託報酬は運用にかかるコストで、その投資信託を保有している限り毎日運用資産から差し引かれています。

主に、投資信託に関わる販売会社（証券会社、銀行）、運用を行なう会社、信託財産として扱う信託銀行に振り分けられます。その割合は投資信託を行なうときの目論見書《もくろみしょ》で確認できます。

インデックス投信では年0・1%台の商品もあるなど安い傾向にありますが、アクティブ型は高く、2%を超えるものもあります。

水準は投資する資産クラスによっても異なります。国内の資産より海外の資産のほうが高く、債券よりも株式が、単品型よりバランス型が高くなる傾向にあります。

販売手数料がかかるのは購入時の1回限りであるのに対し、**信託報酬は保有し**

ている間はずっと資産から差し引かれるコストです。投資期間が長くなればなるほど、運用成果に対するインパクトも大きくなってきます。

③換金するときに発生する信託財産留保額

投資信託を換金（解約）する際に発生する費用で、換金時の0・2〜0・3％程度が一般的です。これは、**証券会社や銀行、運用会社に支払われる手数料ではなく、投資信託の資産として残ります。**

投資信託を途中換金されると、その後、運用会社は運用中の資産を売却しなければならないので、運用を続けている他の投資家が不利益を被る場合があるからです。

信託財産留保額は、こうした不公平を軽減するために設けられています（設定のない商品もあります）。

なお、信託財産留保額については目論見書《もくろみ》で確認できます。

Point❹ バランス型か、単品売りか

Point①で確認した投資したい対象が複数ある場合は、それぞれの投資信託を買う方法があります。ですが、初めから複数の投資対象が組み合わされている投資信託を買うという選択肢もあります。

たとえば、日本株式、外国株式、日本債券、外国債券に均等に4分の1ずつ投資したい場合、それぞれに投資する4本の投資信託を買うこともできますし、これらに4分の1ずつ投資するバランス型投信といわれる投資信託もあります。

バランス型を選べば、1本の投資信託を買うだけで投資できます。

バランス型投信は1本の投資信託で分散投資ができる利便性に加え、リバランスの手間がかからないメリットもあります。

バランス型のデメリットは、自分が理想とする配分のバランス型投信があるとは限らないことと、単品で買うよりも信託報酬が高い傾向があることです。

また、一部の投資対象にしぼって換金したいといったニーズには対応できない

点などがあります。

Point ⑤ 分配金の有無で見比べる

投資信託には、定期的に分配金を払い出すものがあります。分配金の原資は投資している対象の値上がり益や配当、分配金、利子などです。

なかには毎月分配金を出す投資信託もあり、おこづかいをもらえるような感覚がウケて根強い人気があります。

ただし、**本書で紹介している投資には、分配金を受け取る商品は向きません。**

分配金は定期的に投資家に払い出さなければならないので、出さない商品に比べると手間とコストがかかります。当然この手間は、信託報酬に上乗せされてしまうからです。

また、分配をしない投資信託は配当や利子をそのまま投資信託のなかで再投資します。そうすれば、そのぶん投資信託の資産が増えるので、長い目でみれば複利効果が大きくなります。

しかも、特定口座などの課税口座では、分配金を受け取るたびに税金をとられてしまいます。

再投資なら課税されずに資産が増えるのに、分配というかたちをとるだけで、分配金の約2割の税金が引かれることになります。

老後の生活費として定期的に分配金を受け取りたいなら便利ですが、**コストが高く複利効果が得にくい分配金型の投資信託は、長期で資産を増やしていこうとする人は選ぶべきではありません。**

純資産総額が大きい商品や実績のある商品が安心

長期、分散、積み立て投資では、アタリハズレが大きくコストが高いアクティブ型より、インデックス型で市場の平均をとっていくのがいいでしょう。

同じ対象に投資するインデックスファンドはネット証券各社に商品として数多

▶投資信託選びの5ポイント

Point ❶

投資対象
資産クラスで選ぶ

→ 初めての人はこちらを選ぼう！

資産クラスを決めてからその対象に投資する投資信託で絞り込むか、バランス型が安心
「100−年齢」を株式の比率にするのが一般的

Point ❷

インデックス型か
アクティブ型か

→ 長期ならインデックス型

Point ❸

コストで判断する

→ 販売手数料と信託報酬が安い商品

Point ❹

バランス型か
単品売りか

→ バランス型
コスト重視なら単品売り

Point ❺

分配金の有無で
見比べる

→ 分配金を出さないタイプがのほうが安心

くあるので、そのファンドから信託報酬が０・１％台など安い商品を選ぶというのが最もシンプルな方法です。

ただ、最安商品が複数あったり、２番目３番目に安い商品でもその差は本当にごくわずかだったりもします。

コスト以外の面も考えるなら、純資産総額が大きいものや新規設定からある程度年数が経過している実績のあるものが安心です。

純資産総額とは、その投資信託が集めて運用している額の合計で、個々の投資商品の紹介のほか新聞の投資信託ランキングなどでも確認できます。ちなみに２０２１年8月末時点では、上位10商品が６０００億円を超えています。

大きければ大きいほど人気のある投資信託といえます。

というのも、投資信託を活用した長期投資のリスクの一つに、投資している投信が途中で運用をやめてしまうこと（途中償還）があります。

お金があまり集まらない投資信託は運用会社にとってもうまみがありませんし、採算がとれません。そうした理由で、途中で運用をやめてしまうこともあり得るのです。

市場環境が悪いときに途中償還されて損失を確定させられてしまうと、長期投資の意味がなくなってしまいます。

その点、**純資産総額が大きく人気のある投資信託を選ぶのが無難です。**

純資産総額は、これまでの運用実績を記載した説明資料などに載っていますので、確認しましょう。

つみたてＮＩＳＡの対象商品であれば、アレコレと心配する必要はあまりありません。

02

迷ったら、この10本！選択の基準とおすすめ理由

主要なインデックスに連動するインデックス投信で、コストが安く、純資産総額も比較的大きく、松井証券、ＳＢＩ証券、楽天証券、マネックス証券の4社のiDeCo《イデコ》や、つみたてＮＩＳＡで投資しやすい商品をピックアップしました。

つみたてＮＩＳＡは対象外の記載がないものは4社すべてで取り扱っています。

なお、信託報酬の値下げ競争は激しく、ここにピックアップしていない投資信託でもコストや純資産総額の水準はほとんど変わらないものもたくさんあります。

手数料の安いインデックス投信としては、次の商品があります。

・**「ニッセイ」（ニッセイアセットマネジメント）**

・「SBI」（SBIアセットマネジメント）
・「eMAXIS《イーマクシス》 Slim《スリム》」（三菱UFJ国際投信）
・「iFree《アイフリー》」（大和アセットマネジメント）
・「Smart-i《スマートアイ》」（りそなアセットマネジメント）
・「たわらノーロード」（アセットマネジメントOne）

これらのシリーズ（カッコ内は運用会社）では、どれもコストの差はごくわずかです。特に「eMAXIS Slim」は業界最安水準をめざすとうたっていて、過去に何度も信託報酬を引き下げてきた実績があります。

iDeCoは証券会社や銀行で取り扱う商品数に限りがあり、ここで紹介する10本すべてがそろう証券会社や銀行はありませんが、これらのシリーズであれば投資対象候補としてもよさそうです。

どんな投資商品があるかを参照する意味でも、確認してください。

バランス型投信（８資産）
eMAXIS Slim バランス（８資産均等型）

三菱ＵＦＪ国際投信

１本で日本株、外国（先進国）株、新興国株、日本債券、外国（先進国）債券、新興国債券、日本ＲＥＩＴ、外国ＲＥＩＴに分散投資できます。ｉＤｅＣｏは松井証券、ＳＢＩ証券、マネックス証券で投資できます。

バランス型投信（４資産）
iFree年金バランス

大和アセットマネジメント（つみたてＮＩＳＡ対象外）

ＧＰＩＦのポートフォリオに近づけることを目標にしたバランス型投信です。日本株、外国（先進国）株、日本債券、外国債券に分散投資できます。ＳＢＩ証券のｉＤｅＣｏで投資可能です。

アクティブ投信ではありますが、信託報酬は０・１％台と良心的です。

全世界株

SBI・全世界株式インデックス・ファンド『雪だるま』　SBIアセットマネジメント

日本を含む全世界の株式の値動きを示すFTSE《エフティーエスイー》グローバル・オールキャップ・インデックスという指数に連動した商品です。これ1本で全世界の株式に分散投資できます。iDeCoはSBI証券で投資できます。

先進国株（MSCIコクサイ）

ニッセイ　外国株式インデックスファンド　ニッセイアセットマネジメント

MSCI《エムエスシーアイ》社が定義する先進国23か国から、日本を除く22か国の株式で構成される指数であるMSCIコクサイ指数に連動する商品です。iDeCoはSBI証券で取り扱いがあります。

新興国株
eMAXIS Slim 新興国株式インデックス 三菱UFJ国際投信

中国、台湾、韓国、インド、ブラジルなど世界の新興国の株式の値動きを示すMSCI・エマージング・マーケット・インデックスという指数に連動した商品です。

iDeCoは松井証券、SBI証券、マネックス証券の口座で投資可能です。

日本株(TOPIX)
eMAXIS Slim国内株式(TOPIX) 三菱UFJ国際投信

TOPIX(東証株価指数)に連動する投資信託です。日本株の場合は日経平均株価という指数のほうが有名ですが、TOPIXのほうが対象銘柄数が多く、分散効果が高くなります。

ｉＤｅＣｏは松井証券とＳＢＩ証券で投資可能です。

外国債券
eMAXIS Slim 先進国債券インデックス　三菱UFJ国際投信（つみたてNISA対象外）

日本を除く世界主要国の国債の値動きを示すＦＴＳＥ世界国債インデックス（除く日本、円換算ベース）に連動した商品です。ｉＤｅＣｏは松井証券、ＳＢＩ証券とマネックス証券の口座で投資できます。

日本債券
eMAXIS Slim 日本債券インデックス　三菱UFJ国債投信（つみたてNISA対象外）

日本の公社債市場の値動きを示すＮＯＭＵＲＡ―ＢＰＩ《ビーピーアイ》総合という指数に連動した商品です。松井証券、ＳＢＩ証券のｉＤｅＣｏ口座で投資可能です。

▶迷ったら、この10本!

	資産クラス	商品名	運用会社	iDeCo	つみたてNISA	純資産価額（億円未満四捨五入、2021年8月末日）
①	バランス型投信（8資産）	eMSXIS Slim バランス（8資産均等型）	三菱UFJ国際投信	○	○	1095億円
②	バランス型投信（4資産）	iFree 年金バランス	大和アセットマネジメント	○		23億円
③	全世界株	SBI・全世界株式インデックス・ファンド『雪だるま』	SBIアセットマネジメント	○	○	325億円
④	先進国株（MSCIコクサイ）	ニッセイ外国株式インデックスファンド	ニッセイアセットマネジメント	○	○	3213億円
⑤	新興国株	eMSXIS Slim 新興国株式インデックス	三菱UFJ国際投信	○	○	677億円
⑥	日本株（TOPIX）	eMSXIS Slim 国内株式（TOPIX）	三菱UFJ国際投信	○	○	368億円
⑦	外国債券	eMSXIS Slim 先進国債券インデックス	三菱UFJ国際投信	○		306億円
⑧	日本債券	eMSXIS Slim 日本債券インデックス	三菱UFJ国際投信	○		143億円
⑨	先進国REIT	eMSXIS Slim 先進国リートインデックス	三菱UFJ国際投信	○		106億円
⑩	J-REIT	eMSXIS Slim 国内リートインデックス	三菱UFJ国際投信	○		87億円

手数料の安いインデックス投信としては、「Smart-i」(りそなアセットマネジメント)、「たわらノーロード」(アセットマネジメントOne)などがある

先進国REIT
eMAXIS Slim先進国リートインデックス 三菱UFJ国債投信（つみたてNISA対象）

世界主要国のREITの値動きを示すS&P先進国REITインデックスに連動した商品です。松井証券のiDeCoで投資可能です。

J―REIT
eMAXIS Slim国内リートインデックス 三菱UFJ国債投信（つみたてNISA対象外）

東京証券取引所の東証REIT指数に連動する商品で、松井証券のiDeCoで投資できます。

未来を変えたいなら、
行動しましょう

〜「私にもできそう」と自信が湧いてきた
あなたのためのエピローグ

ログインするだけで、未来は変わる！

今後の法改正の動向も踏まえて、iDeCo《イデコ》や、つみたてNISA《ニーサ》の内容を中心にお金と投資についてまとめてみました。

ほったらかしでも、30歳前後の若いうちから長期・分散・積み立て投資を続けていけば、3000万円貯められる可能性があります。

きっと、あなたも自信が湧いてきたのではないでしょうか。

実際の長期・分散・積み立て投資は、

「とにかくインターネットが苦手」

「どうしても人のアドバイスがないと、投資できない」

そういう人でなければ、ネット証券を利用して口座の開設から投資まで、すべてオンラインで完結させるほうがなにかと便利です。

オンラインなら、しつこい勧誘もありません

対面で行なっている証券会社や銀行でも、オンライン取引のみのインターネット専用口座を提供しているところもあるので、こうした口座を利用することでもかまいません。

本書で紹介している低コストのインデックス投信や、つみたてＮＩＳＡの対象商品は、証券会社や銀行の手数料収入が少なく、利幅の薄い商品です。

そのため、対面型の証券会社や銀行ではこうした低コスト商品のラインナップが非常に少ないケースもあります。

また、手数料が高い別の投資信託や保険商品などをすすめられて、計画していた投資ができなくなることもあります。

オンラインで完結するのが前提の証券会社や銀行なら、対面でそのような勧誘

を受ける心配はありません。低コスト商品のラインナップも広く用意しています。

カシコイ投資家は自分に合った商品を選ぶ

窓口があって、担当者が質問に答えてくれたり、相談に乗ってくれたりする証券会社や銀行は、窓口の人件費を稼ぐ必要があることは覚えておきましょう。低金利が続き、本業である融資の収益が低下している銀行は、投資信託や保険販売にも力を入れざるを得ません。

いきおい、証券会社や銀行は自社が売りたい商品を勧めてきます。しかし、カシコイ投資家は自分に合った商品を選びます。そのことも忘れないように。

なお、「投資をやってみたい」と思いながら、何年もそのままになっている人が少なからずいます。やる気や興味はあるけれど、なんとなく先延ばしにしていたり、証券会社の申し込み画面を開いても、マイナンバーや本人確認書類を求められた段階で面倒になり、

「また、時間があるときにしよっ」などと、その画面から離れてしまう人です。

このプロセスをクリアしたとしても、証券会社のIDやパスワードが発行されたころには興味を失ってログインしない人もいます。

何を買えばいいかわからずに結局、画面を閉じてしまう人もいます。

この10年ほどは金融市場の環境がとてもよかったので、こうして先送りしてきた人たちは、せっかくの大きな利益のチャンスをふいにしてしまっています。

でも、あなたは、

「これからは、ちょっとでも未来を変えていきたい。私にも変えられるかも？」と思っているはず。きっと、そのための行動は、口座を開いてサイトにログインする――、そんな小さなことから始まります。

投資に限らず、新しいことにチャレンジするには勇気が必要ですし、面倒なこともたくさんあります。それでも、アタマで考えているだけでは、未来は変えられません。変える力があるのは、行動だけ。

あなたも、10年後、20年後に、過去に行動した自分自身に感謝する日がきっとやってきます。

そのことを、あなたはもちろんのこと、あなたのパートナー、お子さんやご家族、お友だち、みんなが期待しています。

監修者　坂本綾子（さかもと あやこ）
ファイナンシャルプランナー（日本FP協会認定CFP®）

明治大学在学中より、雑誌の編集に携わり、卒業後にフリーランスの雑誌記者として独立。1988年より女性誌、マネー誌にて、お金の記事を執筆。1999年にファイナンシャルプランナー資格取得。2010年にファイナンシャルプランナー坂本綾子事務所を設立し、執筆に加えて、家計相談やセミナー講師も行なう。2012年よりフォスター・フォーラム（良質な金融商品を育てる会）の活動に参加、消費者教育を担当。
近著に『年収200万円の私でも心おだやかに毎日暮らせるお金の貯め方を教えてください！』（SBクリエイティブ）、『まだ間に合う！ 50歳からのお金の基本』（エムディエヌコーポレーション）、『節約・貯蓄・投資の前に 今さら聞けないお金の超基本』（朝日新聞出版）などがある。

執筆　森田悦子（もりた えつこ）
ファイナンシャルプランナー（日本FP協会認定AFP）

新聞記者、編集プロダクションを経て独立。雑誌・新聞記事、単行本、ウェブサイト、企業・大学・自治体広報誌、社史の企画、編集、執筆を手掛ける。主にマネー、投資、ビジネス、人事、採用、年金・社会保障、金融経済などの記事を執筆。
近著（共著）に『稼ぐ投資家とスゴ腕FPに聞いてみたNISA＆つみたてNISAで何を買っていますか？』、『500円で入門 今からはじめる株投資』（以上、スタンダーズ）などがある。

編集協力　菱田編集企画事務所、㈱風土文化社
組版DTP・本文イラスト　イノウエプラス
カバーデザイン　藤塚尚子（e to kumi）

ほったらかしで3000万円《まんえん》貯《た》める！
お金《かね》と投資《とうし》の超入門《ちょうにゅうもん》

2021年11月10日　第1刷発行

監修者　坂本綾子《さかもとあやこ》
発行者　吉田芳史
印刷所　株式会社光邦
製本所　株式会社光邦
発行所　株式会社日本文芸社
〒135-0001 東京都江東区毛利2-10-18 OCMビル
TEL 03-5638-1660（代表）
https://www.nihonbungeisha.co.jp/

Printed in Japan　112211018-112211018Ⓝ01（290052）
ISBN 978-4-537-21939-5

編集担当：水波康